AF347125

MANUEL

DES

FRÈRES ET SOEURS

DU TIERS-ORDRE

DE LA PÉNITENCE DE SAINT DOMINIQUE

PAR LE Rme P. JANDEL

MAÎTRE GÉNÉRAL DE L'ORDRE DES FRÈRES PRÊCHEURS

SIXIÈME ÉDITION

PARIS

LIBRAIRIE DE Mme Ve POUSSIELGUE-RUSAND

RUE CASSETTE, 27

1864

APPROBATION.

Nous, Vicaire-Général de l'Ordre des Frères Prêcheurs en France, ayant examiné un livre qui a pour titre : MANUEL DU TIERS-ORDRE DE LA PÉNITENCE DE SAINT DOMINIQUE, *par le R. P. Jandel, de l'Ordre des Frères Prêcheurs*, en avons reconnu l'utilité, la bonne disposition, la conformité à nos Règles, et en conséquence nous en autorisons l'impression, persuadé qu'il servira grandement à faire refleurir un institut qui a donné tant de vertus à la terre et tant de Saints au ciel.

Nancy, 15 août 1849. — Fête de l'Assomption de la très-sainte Vierge.

Fr. Henri-Dominique LACORDAIRE,
Vic.-Gén. des Fr. Prêch.

PRÉFACE

DE LA PREMIÈRE ÉDITION (1).

Il y a cinq ans, un ancien Manuel des Frères et des Sœurs du Tiers-Ordre de la Pénitence fut réimprimé en France par les soins de la Fraternité naissante de Paris. Cette édition, tirée à deux mille exemplaires, est depuis plusieurs mois complétement épuisée. Ainsi, dans l'espace de moins de cinq années, l'Ordre des Frères Prêcheurs, à peine rétabli dans notre patrie, a déjà la consolation d'y compter deux

(1) On n'a fait aucun changement dans cette nouvelle édition, si ce n'est que la seconde partie, contenant les Offices, est devenue la première, et que le tout a été réduit à un seul volume au moyen d'un léger agrandissement du format.

mille Frères ou Sœurs groupés autour de lui, et participant à sa vie, à son esprit, à ses espérances; et chaque jour, à mesure que s'accroît le nombre de ses membres, et que leurs relations se multiplient sur les différents points de la France, un plus grand nombre d'âmes sympathiques et dévouées demandent à se rattacher à lui par le lien du Tiers-Ordre. Aussi une nouvelle édition du Manuel était-elle vivement réclamée et impatiemment attendue. Mais si la Providence, par le développement rapide et toujours croissant qu'elle a fait prendre au Tiers-Ordre, semble vouloir s'en servir pour ranimer parmi les Fidèles l'esprit de pénitence et de foi, elle impose à ceux qui ont mission de l'établir et de le répandre, l'obligation de la seconder et de concourir avec zèle à l'accomplissement de son dessein. Or la première condition pour atteindre ce but, était d'offrir à tous les fidèles une connaissance exacte et complète de la Règle du Tiers-Ordre, des devoirs qui y sont attachés, de l'esprit dans lequel elle doit être observée; et, sous ce rapport, il était évident que l'ancien Manuel laissait beaucoup à désirer. Bien des choses d'un haut intérêt pour les Frères, mais survenues depuis sa composition, n'avaient nécessairement pu y trouver place; des lacunes regrettables s'y faisaient par là même sentir; plusieurs points restaient obscurs, et réclamaient des explications : la glose ne répondait plus au besoin actuel des esprits et de la société; la règle même n'y était pas reproduite dans toute son intégrité. Depuis longtemps déjà le R. P. Lacordaire avait remarqué ces défauts et désirait y remédier; la nécessité où l'on vient de se trouver de faire une nouvelle édition du

Manuel lui en fournit l'occasion favorable, et, ne pouvant s'en occuper lui-même, il chargea un de ses Frères du soin de le refondre et de le compléter. Celui-ci s'est mis à l'œuvre avec joie, et il serait heureux, s'il lui était donné de procurer autant de profit spirituel aux membres du Tiers-Ordre, qu'il a lui-même trouvé de consolation à travailler pour eux. Qu'il lui soit permis d'espérer d'eux, en retour de son travail, l'aumône d'une prière et d'un souvenir devant Dieu.

Le nouveau Manuel se compose de deux parties, dont chacune a sa pagination distincte, afin de pouvoir être reliée à part. La première renferme la Règle du Tiers-Ordre avec les bulles qui la confirment : on en a conservé le texte latin qui est seul authentique, et sur lequel chacun pourra s'assurer de la fidélité de la traduction.

Outre une notice historique sur le Tiers-Ordre, et quelques instructions relatives à l'esprit qui doit animer ses membres, on a cru devoir y joindre deux chapitres, l'un sur la Confrérie du Saint-Rosaire, et l'autre sur celle de la Milice Angélique, afin de mettre à la portée de tous les membres du Tiers-Ordre ces deux dévotions, apanage spécial de la famille Dominicaine.

La seconde partie contient les prières et les Offices, parfaitement conformes au rit et aux rubriques de l'Ordre : un Frère du Tiers-Ordre, dont le nom n'est pas inconnu dans le monde littéraire, a revu avec un soin scrupuleux toutes les traductions, qui, dans l'ancien Manuel, n'étaient pas toujours assez correctes. On a inséré à la suite des Offices, les Antiennes, Répons et Oraisons de tous les saints et Bienheureux de l'Ordre, afin de faciliter à tous les Tertiaires qui ré-

citeront le petit Office de la sainte Vierge,
le pieux usage, généralement établi en Italie, de faire mémoire du Saint du jour à Laudes
et à Vêpres, immédiatement après la mémoire de notre Bienheureux Père saint
Dominique.

Enfin, l'on a tâché de réunir dans ce recueil les plus belles prières de l'Église et
de l'Ordre, afin qu'il pût ainsi offrir aux
Tertiaires, sous un très-petit volume et
dans un format commode, un livre de piété
complet.

CALENDRIER
DES FÊTES DES SAINTS

ET

BIENHEUREUX DE NOTRE ORDRE

EXTRAIT DU MARTYROLOGE

DE L'ORDRE DES FRÈRES PRÊCHEURS

(On y a joint la date de leur mort).

JANVIER.

Le 10, à Amarante, en Portugal, fête du Bienheureux Gonzalve, Confesseur, de l'Ordre des Frères Prêcheurs, qui, plein de l'esprit de son saint Patriarche Dominique, confirma efficacement la prédication de l'Évangile par l'exemple de sa vie et par de fréquents miracles. (Mort en 1259.) *Tout Double.*

Le 16, au bourg de Soncino, Diocèse de Crémone, fête de la Bienheureuse Stéphanie de Quinzanis, Vierge, de l'Ordre des Frères Prêcheurs, qui quitta ce monde pour aller vers son Époux le quatrième jour des Nones de Janvier. (2 janvier.) (1325.) *Double.*

Le 19, à Morbegno, en Rhétie, fête du Bienheureux André de la Pêcherie, insigne prédicateur, qui laissa dans la Valteline de grandes preuves de sainteté, de science et d'une charité remarquable, et fut renommé par ses miracles. (1480.) *Double.*

Le 23, à Barcelone, en Espagne, saint Raymond de Pennafort, Confesseur, troisième maître général de l'Ordre des Frères Prêcheurs, célèbre par la science, la sainteté et l'éclat des miracles : il fonda l'Ordre de Notre-Dame de la Merci pour le rachat des captifs ; il revint de l'île de Majorque à Barcelone, traversant la mer sans autre barque que son manteau qu'il avait étendu sur les eaux, et, après cette traversée merveilleuse, il entra dans le couvent les portes fermées. On rapporte qu'il ressuscita quarante morts. Il fut élevé presque centenaire à la gloire céleste ; de son sépulcre, par un miracle incessant, sort une poussière légère qui ne s'épuise pas et qui guérit bien des maladies. Il a été mis au nombre des Saints par Clément VIII. (1275.) *Tout Double.*

Le 24, à Forli, dans l'Émilie, fête du Bienheureux Marcolin, Confesseur, de l'Ordre des Frères Prêcheurs. (1397.) *Double.*

Le 26, en Hongrie, fête de la Bienheureuse Marguerite, Vierge, de l'Ordre des Frères Prêcheurs, fille de Bela IV, roi de Pannonie, et de Marie de Constantinople : ses mérites, sa piété et ses glorieux miracles sont rapportés par saint Antonin. (1270.) *Double.*

Le 28, à Toulouse, Translation du corps de saint Thomas d'Aquin. *Tout Double* (1).

(1) Le corps de saint Thomas avait été enseveli dans le couvent de Fossencuve par les religieux de Cîteaux, qui tentèrent de s'approprier ce trésor. Après de longues contestations entre ces religieux et ceux de Notre Ordre, le Souverain Pontife

Le 30, octave de saint Raymond de Pennafort, Confesseur. *Simple.*

FÉVRIER.

Le 4, *Anniversaire de nos parents défunts* (1).

Le 9, à Catane, en Sicile, fête du Bienheureux Ber-
nard, Confessenr, de l'Ordre des Frères Prêcheurs, de la famille patricienne de Scammacca,
que Dieu rendit admirable par la contemplation
des choses célestes et l'éclat des miracles. (1500.)
Double.

Le 13, à Prato, en Étrurie, sainte Catherine de Ricci,
Vierge, du Tiers-Ordre des Frères Prêcheurs, remarquable par l'abondance des dons du Ciel : Benoît XIV l'inscrivit au catalogue des Saintes. Elle
mourut pleine de vertus et de mérites le 4 des
Nones de Février (2 février), mais sa fête se célèbre aujourd'hui. (1589.) *Tout Double.*

Le 14, à Pérouse, fête du Bienheureux Nicolas de
Palea, de Juvenatio, Confesseur de Notre Ordre,
Fondateur des couvents de Pérouse et de Trani;
reçu dans l'Ordre par notre Bienheureux Père

Urbain V trancha la question en adjugeant les restes précieux
à notre couvent de Toulouse. Cette translation, qui se fit au
milieu d'un concours prodigieux de fidèles, fut marquée par
des miracles et des guérisons aussi nombreuses qu'éclatantes.

(1) A chacun des anniversaires, on récite, dans nos églises,
l'Office des Morts et on chante la Messe à l'intention de ceux
dont on fait l'anniversaire.

Il y a Indulgence plénière pour les Confrères du Rosaire
qui assistent à l'Office, à la Messe, et qui font la sainte Communion.

saint Dominique, et associé par lui à la prédication de la parole de Dieu, il brilla d'un éclat admirable dans l'exercice de toutes les vertus. (Il mourut au commencement du XIIIe siècle.) *Double.*

Le 15, fête du Bienheureux Jourdain de Saxe, qui, par la sainteté de sa vie et de sa science, fut trouvé digne de succéder à notre Bienheureux Père Dominique dans le gouvernement de l'Ordre. Dans ce poste, brûlant de zèle pour le salut des âmes, il fit prendre à l'Ordre une rapide extension, et enfin, tout rempli de mérites, après avoir passé par les eaux de la tribulation, il entra victorieux dans le Ciel. (1237.) *Double.*

Le 18, à Pistoie, en Étrurie, le Bienheureux Laurent de Ripafratta, Confesseur de Notre Ordre, qui, disposant dans son cœur des degrés d'ascension, fit éclater partout les vertus d'un religieux. Saint Antonin, qui l'eut pour maître dans la vie religieuse, vénérait sa sainteté et lui donna de grands éloges. *Double.*

Le 19, à Cordoue, en Espagne, fête du Bienheureux Alvarès, Confesseur, de l'Ordre des Frères Prêcheurs, fondateur du couvent dit *Scala Cœli.* *Double.*

Le 20, octave de sainte Catherine de Ricci. *Simple.*

Le 21, à Saviliano en Piémont, le Bienheureux Aimon Taparelli, Confesseur de l'Ordre des Frères Prêcheurs. Remarquable par la sainteté de sa vie, sa doctrine et les nombreux travaux qu'il eut à supporter pour la conservation de la Foi catholique, il fut enlevé au ciel le jour même de la solennité de l'Assomption de la Mère de Dieu, pour laquelle il avait eu la plus tendre dévotion. *Double.*

Le 25, dans le Picentin, fête du Bienheureux Constant de Fabriano, de l'Ordre des Frères Prêcheurs, illustre par l'austérité de sa vie et le don d'oraison. Son corps repose à Ascoli : sa tête vénérable est conservée à Fabriano. (Vers l'an 1300.) *Double.*

Nota. — Cette fête est renvoyée au lendemain dans les années bissextiles.

Le 28, à Florence, fête de la Bienheureuse Villana de Bottis, Veuve, du Tiers-Ordre de saint Dominique, dont la vie fut remarquable par l'amour du Crucifié, la patience, le renoncement à soi-même, le mépris des choses terrestres et les autres vertus. (1360.) *Double.*

MARS.

Le 2, à Ulm, en Allemagne, fête du Bienheureux Henri Suzo de Souabe, Confesseur de Notre Ordre, célèbre par sa régularité dans l'observance, la sainteté de sa vie et le bruit de ses miracles. Il mourut le huitième jour des Calendes de Février (25 janvier), mais sa fête se célèbre aujourd'hui. (1346.) *Double.*

Le 6, à Pise, fête du Bienheureux Jourdain, Confesseur de Notre Ordre, célèbre par sa science, ses prédications, ses vertus et l'éclat de ses miracles. (1311.) *Double.*

Le 7, au monastère de Fosseneuve, près de Terracine, saint Thomas d'Aquin, Confesseur et Docteur de l'Église, de l'Ordre des Frères Prêcheurs, illustre par la noblesse de sa race, la sainteté de sa vie et sa science théologique. Il garda perpétuellement la grâce de la virginité. A cause de la supériorité de son érudition, il reçut à bon droit le titre de Docteur angélique : ses écrits, remarquables par la vérité et la solidité de la doctrine, et recommandés de la bouche même de Notre-Seigneur, illuminent comme des flambeaux éclatants l'Église catholique et toutes les académies du monde chrétien. (1274.) *Tout double.*

Le 10, à Palerme, en Sicile, fête du Bienheureux Pierre de Jérémie, Confesseur, de l'Ordre des Frères Prêcheurs, qui, confirmé dans le ministère apostolique par saint Vincent Ferrier, se donna tout entier au salut des âmes. (1452.) *Double.*

Le 14, octave de la fête de saint Thomas d'Aquin. *Solennelle.*

Le 18, à Pavie, la Bienheureuse Sybiline de Biscosiis, Vierge, du Tiers-Ordre de notre Père saint Dominique : privée à l'âge de douze ans de l'usage des yeux, elle n'en devint que mieux disposée à contempler les mystères de la passion de N. S. J.-C. et plus résolue à les reproduire dans toutes ses œuvres. *Double.*

Le 22, à Sienne, en Toscane, fête du Bienheureux Ambroise, de l'Ordre des Frères Prêcheurs, célèbre par sa sainteté, ses prédications et ses miracles. Clément VIII le fit inscrire au nombre des Saints du Martyrologe romain. (1286.) *Double.*

Fête mobile.

Le Jeudi avant la Quinquagésime, commémoraison de sainte Catherine de Sienne, Vierge de l'Ordre des Frères Prêcheurs. *Double* (1).

(1) Sainte Catherine de Sienne consacrait ce jour aux exer-

AVRIL.

Le 3, commémoraison de l'Impression des Stigmates de sainte Catherine de Sienne, Vierge, de l'Ordre des Frères Prêcheurs. *Double* (1).

Le 5, à Vannes, en Bretagne, saint Vincent Ferrier, Confesseur, de l'Ordre des Frères Prêcheurs, homme apostolique, puissant en œuvres et en paroles; il convertit au Christ plusieurs milliers d'Infidèles par cette grâce particulière, que, prêchant dans la langue de son pays à des peuples d'idiomes différents, il était très-clairement compris par tout le monde : remarquable par la virginité qu'il conserva, par l'esprit de prophétie et par un grand nombre de miracles, il alla recevoir au Ciel la récompense de toutes ses vertus. (1419.) *Tout Double.*

Le 9, le Bienheureux Antoine Pavonius, martyr de Notre Ordre. *Double.*

Le 10, à Tunis, en Afrique, fête du Bienheureux Antoine Neyrot, qui, après avoir renié la foi, eut peu après la gloire de la sceller de son sang. Son corps a été transporté à Rivoli. (1460.) *Double.*

cices d'une pénitence plus rigoureuse, en esprit d'expiation des plaisirs honteux et des folles débauches auxquels se livrent les mondains à l'approche du carnaval.

(1) Sainte Catherine reçut les stigmates de Notre-Seigneur un dimanche, dans une extase qu'elle eut au sortir de la sainte Communion. Elle obtint de Dieu que les cicatrices n'en fussent pas visibles. Benoît X, pour étendre l'amour de Notre-Seigneur crucifié, accorda à Notre Ordre de célébrer tous les ans la mémoire d'une telle faveur.

Le 12, octave de la fête de saint Vincent Ferrier.
Simple.

Le 13, à Citta di Castello, fête de la Bienheureuse
Marguerite, Vierge, qui, aveugle de naissance,
fut merveilleusement éclairée de Dieu, et, par son
inspiration, embrassa l'Institut des Sœurs du
Tiers-Ordre de saint Dominique. (1320.) *Double.*

Le 14, à Tuy, en Espagne, fête du Bienheureux
Pierre Gonzalès, dit saint Telme, de l'Ordre des
Frères Prêcheurs. (1254.) *Double.*

Le 17, à Pise, en Étrurie, fête de la Bienheureuse
Claire Gambacorti, de l'Ordre des Frères Prêcheurs, fondatrice du monastère de Saint-Domi-
nique dans la même ville ; son culte immémorial
a été confirmé par le Souverain Pontife Pie VIII.
(1420.) *Double.*

Le 20, à Monte-Pulciano, sainte Agnès, Vierge, de
l'Ordre de notre saint Patriarche Dominique, célèbre par ses grandes vertus et ses miracles. Elle
mérita d'être gratifiée par le Christ son époux de
présents divins. Sainte Catherine de Sienne apprit
par une voix d'en haut qu'elle lui serait égalée dans
le séjour de la gloire. (1317.) *Tout Double.*

Le 21, dans le Piémont, le Bienheureux Barthé-
lemi Cerverii de Saviliane, de Notre Ordre, qui,
fameux par sa science autant que par la réputation de sa sainteté, se consuma d'efforts pour
chasser du nord de l'Italie le fléau de l'hérésie :
massacré par les hérétiques, il entra dans le
royaume céleste avec la glorieuse palme du martyre. *Double.*

Le 26, à Bescans, dans le royaume de Castille, en

Espagne, les BB. Dominique et Grégoire, de Notre Ordre, s'étant mis en route pour aller prêcher, furent surpris par un orage affreux, et se mirent à l'abri sous un rocher qui se détacha de sa base et les écrasa. Les habitants du pays, avertis miraculeusement, dégagèrent leurs corps et leur rendirent les honneurs des Saints. *Double.*

Le 27, octave de la fête de sainte Agnès de Monte-Pulciano. *Simple.*

Le 29, à Milan, saint Pierre, Martyr, de l'Ordre des Frères Prêcheurs, qui conserva jusqu'au dernier soupir le précieux trésor de la virginité. En combattant contre les hérétiques par la parole et la science, il fut par eux frappé du glaive, et sous leurs coups signa de son sang répandu cette même foi qu'il avait soutenue toute sa vie avec une admirable constance. Ses grands mérites auprès de Dieu sont manifestés par de fréquents miracles. (1252.) *Tout Double.*

Le 30, à Rome, sainte Catherine de Sienne, Vierge, du Tiers-Ordre de notre saint Patriarche Dominique, qui garda sans tache jusqu'à sa mort la virginité qu'elle avait consacrée au Seigneur presque depuis son enfance ; célèbre par des vertus sans nombre, elle brilla surtout par une innocence admirable : elle avait de doux et fréquents entretiens avec le Christ son époux, et mérita d'être appelée à la participation de ses douleurs et de ses plaies. Enfin, devenue illustre par sa science, par le don de prophétie et par les miracles, après avoir vaincu souvent le démon et en avoir triomphé, elle monta au Ciel pour s'y réunir à son Époux le troisième des Calendes de Mai (29 avril). Elle est ensevelie dans l'église de Sainte-Marie *suprà Mi-*

nervam. Pie II l'a mise au nombre des Saintes. (1380.) *Tout Double.*

MAI.

Le 5, à Rome, saint Pie V, Pape et Confesseur, de l'Ordre des Frères Prêcheurs, qui réforma courageusement les mœurs du clergé et du peuple, comprima partout l'hérésie, obtint par ses prières pour la Chrétienté la victoire navale de Lépante, et remplit ainsi tous les devoirs d'un bon pasteur. (1572.) *Tout Double.*

Le 6, octave de saint Pierre, Martyr. *Simple.*

Le 7, octave de sainte Catherine de Sienne. *Simple.*

Le 10, à Florence, saint Antonin, Archevêque de cette ville, de l'Ordre des Frères Prêcheurs, qui, à cause de la supériorité de sa science et de sa sainteté, fut élevé malgré lui à l'épiscopat. Illustre par sa miséricorde et sa piété, tout plein d'un zèle admirable pour la maison de Dieu, il fut si renommé par sa prudence dans les conseils, qu'il mérita et reçut le nom d'Antonin le Conseiller. Après avoir brillé par ses vertus et ses miracles, il passa de la terre au ciel à l'âge de soixante-dix ans, le sixième jour des Nones de Mai (4 mai). Il est enterré dans l'église de Saint-Marc, et ses restes y sont l'objet d'une grande vénération. (1459.) *Tout Double.*

Le 12, au monastère d'Aveiro, de l'Ordre des Frères Prêcheurs, fête de la Bienheureuse Jeanne, Vierge, Infante de Portugal, fille du roi Alphonse V ; à cause de ses mérites singuliers, Innocent XII, de l'avis des Cardinaux membres de la Congrégation des Rites, permit qu'on célébrât en son honneur dans tout le royaume de Portugal, et dans tout l'Ordre des Frères Prêcheurs, l'Office et la Messe du Commun des Vierges non Martyres. (1490.) *Double.*

Octave de saint Pie V, Pape et Confesseur. *Simple.*

Le 13, à Crémone, fête du Bienheureux Albert de Villaco, près Bergame, Frère-de Notre Tiers-Ordre, célèbre par ses miracles. Il fut déposé dans le tombeau le 7 mai. (1279.) *Double.*

Le 14, à Santarem, en Portugal, fête du Bienheureux Ægydius ou Gilles, du bourg de Vaozella, Religieux de Notre Ordre, célèbre par sa pénitence et le bruit de ses miracles. (1265.). *Double.*

Le 17, octave de saint Antonin, Evêque. *Simple.*

Le 20, à Pérouse, fête de la Bienheureuse Colombe de Rieti, Vierge, de l'Ordre de notre saint Patriarche Dominique, qui brilla par sa pureté, sa patience et son abstinence. (1501.) *Double.*

Le 24, à Bologne, Translation du corps de notre Père saint Dominique, Confesseur, sous le pontificat de Grégoire IX. Entre autres miracles insignes, quand ces restes sacrés furent transportés dans un lieu plus convenable, ils exhalèrent une odeur si délicieuse et si suave, que tous les cœurs des assistants furent pénétrés d'une joie merveilleuse, Dieu voulant témoigner par ce prodige éclatant combien il avait pour agréable la sainteté éminente de cet homme apostolique. *Tout Double.*

Le 28, à Florence, fête de la Bienheureuse Marie Barthélemie de Bagnésia, Vierge, du Tiers-Ordre de saint Dominique, qui, éprouvée par des souffrances longues et multipliées, mérita d'être rendue conforme à son Époux crucifié. (1577.) *Double.*

Le 31, à Venise, fête du Bienheureux Jacques Salomonius, de l'Ordre des Frères Prêcheurs, qui, plein du désir de retracer en lui-même tout ce qu'il voyait dans le saint Patriarche Dominique, pratiqua sans relâche la pureté, l'humilité et la charité pour Dieu et le prochain. Le Seigneur le rendit illustre par le don de prophétie et les miracles. Sa fête, autorisée d'abord par quelques Souverains Pontifes pour Forli et Venise, fut étendue ensuite à tout l'Ordre par Grégoire XV. (1314.) *Double.*

JUIN.

Le 2, à Sandomir, passion de quarante-neuf Martyrs de l'Ordre des Frères Prêcheurs, qui, avertis la veille par ces paroles mêmes, et inscrits d'avance dans ce Martyrologe, furent massacrés par les Infidèles au moment même où ils saluaient dévotement la Mère de Dieu dans l'église. (Vers 1260.) *Double.*

Le 4, à Milan, Translation de saint Pierre, Martyr, de l'Ordre des Frères Prêcheurs. *Tout Double* (1).

(1) Après une première translation, qui eut lieu en 1253, un an après la mort de saint Pierre, Martyr, l'archevêque de Milan, Jean Visconti, fit construire un superbe monument d'albâtre, où les restes précieux furent déposés en 1360, au milieu d'un grand concours de peuple et des principaux religieux de l'Ordre, réunis alors au couvent de Saint-Eustorge, pour le chapitre général. Plus tard, en 1651, la tête, qui avait été précédemment détachée du tronc, fut solennellement trans-

Le 7, à Saluce, dans le Piémont, le Bienheureux Étienne Bandel, Confesseur, de notre Ordre, qui brilla par la sainteté de sa vie, par sa science, la prédication de la parole de Dieu et par ses mérites. *Double.*

Le 10, à Bède, fête du Bienheureux Jean Dominique, Archevêque de Raguse et Cardinal de la Sainte Église Romaine, qui travailla beaucoup à l'abolition du schisme et brilla dans l'Église de Dieu par la sainteté de ses mœurs. (1418.) *Double.*

Le 18, à Mantoue, fête de la Bienheureuse Osanna, Vierge, du Tiers-Ordre de notre saint Patriarche Dominique, qui fit à sept ans le vœu de virginité et le garda sans atteinte jusqu'à sa mort par le moyen du jeûne, du cilice, de la discipline et des autres mortifications auxquelles elle soumit son corps. (1505.) *Double.*

JUILLET.

Le 3, à Pésaro, le Bienheureux Marc de Modène, Confesseur de l'Ordre des Frères Prêcheurs, illustre par la sainteté de sa vie. Embrasé du zèle du

portée sur un autel construit en l'honneur du saint Martyr. En 1736, il y eut une nouvelle translation : on rapporta le reste du corps auprès du même autel sur lequel la tête était exposée. Quand on découvrit le tombeau, le corps fut retrouvé dans un état de parfaite conservation. Enfin, trois ans plus tard, en 1739, on fit construire un magnifique reliquaire pour recevoir le chef sacré de saint Pierre, et c'est au milieu de nouvelles solennités qu'il y fut déposé. C'est pour conserver la mémoire de ces différentes translations, et propager le culte du saint Martyr, que le pape Benoît XIV permit à Notre Ordre de célébrer tous les ans cette fête.

salut des âmes, il parcourut presque toute l'Italie
prêchant l'Évangile et convertit un grand nombre
de pécheurs. *Double.*

Le 7, à Pérouse, fête du Bienheureux Benoît XI, de
Trévise, de l'Ordre des Frères Prêcheurs, qui,
dans le peu de temps que dura son Pontificat,
procura merveilleusement la paix de l'Église, le
rétablissement de la discipline et l'accroissement
de la Religion. (1304.) *Double.*

Le 9, à Gorcom, fête du Bienheureux Jean de Cologne, de l'Ordre des Frères Prêcheurs, et de ses
Compagnons, qui soutinrent jusqu'au martyre la
foi dans la primauté de l'Église Romaine et dans la
présence réelle de Notre-Seigneur au Sacrement
de l'Eucharistie. (1572.) *Double.*

Le 12, *Anniversaire de tous ceux qui sont ensevelis
dans nos cimetières* (1).

Le 13, à Gênes, fête du Bienheureux Jacques, de
l'Ordre des Frères Prêcheurs, Archevêque de
Gênes, qui brilla par la science, la prédication, la
sainteté et les miracles. (1298.) *Double.*

Le 16, à Wratislaw, fête du Bienheureux Ceslas,
Confesseur, de l'Ordre de notre saint Patriarche
Dominique, qui reçut de lui l'habit religieux à
Rome. Il chercha à imiter ses vertus, et, brûlant
de zèle pour le salut des âmes, il parcourut à pied
toute la Silésie, et ramena beaucoup d'âmes de

----

(1) A chacun des anniversaires, on récite dans nos églises
l'Office des Morts et on chante la Messe à l'intention de ceux
dont on fait l'anniversaire.

Il y a Indulgence plénière pour les Confrères du Rosaire
qui assistent à l'Office, à la Messe, et qui font la sainte Communion.

l'erreur à la vraie foi, du péché à la pénitence. (1241.) *Double.*

Le 23, à Orvieto, en Étrurie, fête de la Bienheureuse Jeanne, Vierge du Tiers-Ordre des Frères Prêcheurs, illustre par l'innocence singulière de ses mœurs, la contemplation des choses divines, et l'abondance des grâces qu'elle reçut du Ciel. (1306.) *Double.*

Le 28, au bourg de Saint-Germain, Diocèse de Verceil, fête du Bienheureux Antoine *ab Ecclesia*, de l'Ordre des Frères Prêcheurs, homme renommé par sa sainteté, ses mœurs, sa religion et sa science. *Double.*

Le 30, à Calaroga, en Espagne, fête du Bienheureux Mannès, frère germain de notre saint Patriarche Dominique ; homme d'une sincérité et d'une simplicité remarquables, et adonné à la contemplation. Il mourut saintement et tout rempli de mérites dans le monastère cistercien de Saint-Pierre de Gumiel. Il est aussi célèbre par ses miracles. (Il florissait vers 1220.) *Double.*

AOUT.

Le 2, à Pennafiel, en Espagne, fête de la Bienheureuse Jeanne d'Aza, Mère de notre très-saint Patriarche Dominique, qui, aimée de Dieu pour sa grande vertu et sa piété, s'endormit à Calaroga dans le baiser du Seigneur. (Vers 1216.) *Double.*

Le 4, à Bologne, fête de notre très-saint Patriarche Dominique, Confesseur, Fondateur de l'Ordre des Frères Prêcheurs, homme très-célèbre par la noblesse de son origine, sa sainteté et sa science. Il conserva toujours sa virginité sans atteinte ; par la grâce particulière accordée à ses mérites, il ressuscita trois morts, et, après avoir comprimé les hérésies par sa parole et formé beaucoup d'hommes à la vie de dévouement et de piété, il s'en alla recevoir dans le Ciel la digne récompense de ses œuvres éclatantes. [C'était le huitième jour des Ides de ce mois (6 août) ; mais sa fête, d'après une constitution du pape Paul IV, se célèbre aujourd'hui. (1221.) *Tout Double.*

Le 8, à Nocera, fête du Bienheureux Augustin, Évêque et Confesseur, de l'Ordre de notre saint Patriarche Dominique, qui brilla surtout par l'humilité, la patience et la miséricorde envers les pauvres. Il sut par la prière, la prédication et la sainteté de ses mœurs, purger son Église des erreurs des Sarrazins dont elle était infectée. (Vers 1323.) *Double.*

Le 9, à Florence, fête du Bienheureux Jean de Salerne, Confesseur de Notre Ordre, qui, ayant reçu l'habit religieux des mains de notre saint Patriarche Dominique, et imitant ses vertus, fut envoyé pour travailler à la propagation de Notre Ordre en Étrurie. Il travailla beaucoup pour la foi à Florence, surtout par ses prédications contre les Patarins. (1225.) *Double.*

Le 11, octave de la fête de notre saint Patriarche Dominique. *Solennelle.*

Le 16, à Cracovie, en Pologne, saint Hyacinthe, Confesseur, de l'Ordre des Frères Prêcheurs, qui, après avoir reçu l'habit des mains de notre saint Patriarche Dominique, se distingua par une admirable innocence et une grande science. Il traversa à pied sec de grands fleuves et s'illustra par d'autres miracles encore. Il mérita d'être honoré des doux entretiens de la très-sainte Mère de Dieu, brilla par la virginité, et fut rempli du Saint-Esprit : enfin, il fut appelé aux récompenses éternelles le jour même de l'Assomption. Clément VIII le mit au nombre des Saints. (1257.) *Tout Double.*

Le 17, à Verceil, fête de la Bienheureuse Émilie, Vierge et Religieuse de Notre Ordre, qui, adonnée à l'oraison, brûla du désir d'éprouver les douleurs de Notre-Seigneur. (1314.) *Double.*

Le 23, à Bévania, dans l'Ombrie, fête du Bienheureux Jacques, Confesseur de Notre Ordre, qui combattit l'hérésie des nicolaïtes alors renaissante en Ombrie, et brilla par beaucoup de miracles. (1301.) *Double.*

Octave de la fête de saint Hyacinthe. *Simple.*

Le 30, à Lima, au Pérou, sainte Rose, Vierge, du Tiers-Ordre de notre saint Patriarche Dominique, que le Souverain Pontife Clément IX appela la première fleur de sainteté donnée par les Indes Occidentales. A cinq ans, elle avait déjà fait vœu de virginité. Reçue merveilleusement par Notre-Seigneur comme son épouse, elle joignit une très-rude pénitence à une innocence et une pureté singulières. Elle fit beaucoup de miracles. (1617.) *Tout Double.*

SEPTEMBRE.

Le 5, en Piémont, fête de la Bienheureuse Catherine de Raconigi, Vierge, du Tiers-Ordre des

Frères Prêcheurs, qui brilla par une grande charité et une grande abondance des dons célestes.
(1547.) *Double.*

Le 6, *Anniversaire des Familiers et des Bienfaiteurs défunts de l'Ordre* (1).

Le 15, commémoraison de notre saint Patriarche
Dominique à Suriano. *Tout Double* (2).

Le 16, à Bologne, commémoraison de la mort précieuse de la Bienheureuse Imelda, Vierge, de
l'Ordre des Frères Prêcheurs, qui, après avoir
demandé ardemment et reçu le très-saint Sacrement de l'Autel, incapable de soutenir l'intensité
et l'ardeur de sa charité, abandonna cette vie à

(1) A chacun des anniversaires, on récite dans nos églises
l'Office des Morts et on chante la Messe à l'intention de ceux
dont on fait l'anniversaire.

Il y a Indulgence plénière pour les Confrères du Rosaire
qui assistent à l'Office, à la Messe, et qui font la sainte Communion.

(2) En 1530, le 15 septembre, une image miraculeuse, représentant saint Dominique, fut remise, par la sainte Vierge,
aux Religieux du couvent de Suriano, et aussitôt ce lieu devint
célèbre par le grand concours de peuple que la dévotion attirait
devant cette sainte image, et le nombre prodigieux de miracles
qui s'y opéraient. Pour en donner quelque idée, il suffira de
dire que les notaires, chargés juridiquement de les constater,
en recueillirent dans un espace de 78 ans quinze cent quatrevingt-quatre, sur lesquels il faut compter soixante résurrections, encore n'inscrivaient-ils que les plus marquants. Les
Souverains Pontifes accordèrent de nombreux priviléges au
couvent de Suriano; ils approuvèrent des Confréries de saint
Dominique de Suriano; Urbain VIII et Alexandre VII autorisèrent à cette occasion le royaume de Naples à choisir saint
Dominique comme patron. Ce fut en 1644 que la fête de saint
Dominique de Suriano fut approuvée par tout Notre Ordre.

l'instant même, pour entrer, heureuse victime de l'amour, dans le royaume des cieux. (1335.) *Double.*

Le 20, à Cordoue, en Andalousie, fête du Bienheureux François de Possadas, de l'Ordre des Frères Prêcheurs, qui brilla par son zèle apostolique dans la prédication et l'administration du Sacrement de Pénitence, par l'austérité et l'innocence de sa vie. (1713.) *Double.*

Le 24, à Girone, fête du Bienheureux Dalmace Monerius, Confesseur de l'Ordre des Frères Prêcheurs, célèbre par ses austérités et son abstinence admirable, et qui, à cause de ses rapports fréquents avec son ange gardien, était appelé publiquement : *Le Frère qui parle avec son ange.* (1341.) *Double.*

OCTOBRE.

Le premier dimanche d'octobre, fête de Notre-Dame du très-saint Rosaire. Saint Pie V avait institué cette fête pour être célébrée tous les ans sous le nom de Notre-Dame de la Victoire, en l'honneur de l'illustre victoire navale remportée ce jour-là sur les Turcs, par la protection de la sainte Mère de Dieu. Plus tard, Grégoire XIII décréta que cette fête serait célébrée tous les ans, le premier dimanche d'octobre, sous le titre de Solennité du Rosaire de la Bienheureuse Vierge Marie. *Tout Double.*

Le 3, à Lima, dans l'Amérique méridionale, fête du Bienheureux Jean Massias, Espagnol, qui, ayant renoncé à tous les biens de la terre, fit profession

comme convers dans l'Ordre des Frères Prêcheurs;
il brilla par son humilité admirable, sa patience,
la pureté de sa vie et ses miracles. (1645.)
Double.

Le 4, à Assise, en Ombrie, Notre Père saint François, Confesseur, Fondateur de l'Ordre des Frères
Mineurs, et dont la vie, toute pleine de sainteté
et de miracles, a été écrite par saint Bonaven-
ture. *Tout Double.*

Le 7, à Viglevano, dans le Milanais, fête du Bienheureux Matthieu Carreri, de Mantoue, Confesseur, de l'Ordre des Frères Prêcheurs. (1470.)
Double.

Le 10, dans l'Espagne Tarragonaise, saint Louis
Bertrand, de l'Ordre des Frères Prêcheurs, qui,
envoyé aux Indes Occidentales, bien qu'il prêchât
dans la langue espagnole, inconnue aux gens du
pays, en amena un grand nombre à la foi chrétienne. Il fit durant sa vie et après sa mort un
grand nombre de miracles. Il mourut le 9 d'octobre, et fut inscrit par Paul V au nombre des
Bienheureux, par Clément X au nombre des
Saints. (1581.) *Tout Double.*

Le 12, à Bologne, fête du Bienheureux Jacques Al-
lemand, Frère Laïc de l'Ordre des Frères Prêcheurs, que Dieu rendit, par l'exercice de vertus
héroïques et particulièrement d'une humilité extrême, aimable au Ciel et admirable sur la terre.
(1491.) *Double.*

Le 14, à Trino, fête de la Bienheureuse Madeleine
de Panatieri, Vierge de Notre Ordre, qui, joignant
la patience à l'innocence, mérita d'être honorée de
dons célestes, et enfin, comblée de mérites et de

vertus, reçut au Ciel la couronne qui lui était destinée. (1400.) *Double.*

Le 17, octave de la fête de saint Louis Bertrand. *Solennelle.*

Le 22, à Cortone, fête du Bienheureux Pierre Caputio, de Tiferne, Confesseur de Notre Ordre, qui, par une continuelle méditation de la mort, se disposa à posséder les biens éternels, et par ses prédications amena beaucoup de pécheurs à une meilleure vie. (1444.) *Double.*

Le 23, à Vicence, fête du Bienheureux Barthelemy de Bragance, Évêque et Confesseur, de l'Ordre de notre saint Patriarche Dominique, préposé d'abord à l'Église de Nicosie, ensuite à celle de Vicence. Il était très-bien vu de Grégoire IX dont il fut conseiller, de plusieurs autres Souverains Pontifes et du saint roi Louis de France, à cause de sa grande sainteté et de ses travaux pour l'extension de la Religion catholique. (1270.) *Double.*

Le 26, à Reggio, fête du Bienheureux Damien Furcherius, de Finale, qui allia la pureté de la vie à la mortification du corps ; plein de zèle pour annoncer la parole de Dieu, il fut un prédicateur remarquable, et il brilla par ses miracles après sa mort. (1484.) *Double.*

Le 29, à Forli, fête de la Bienheureuse Bienvenue Bojani, Vierge de notre Ordre, qui brilla par la pénitence, l'oraison et l'humilité. (1292.) *Double.*

NOVEMBRE.

Le 3, au bourg de Saint-Archange, près Rimini,

fête du Bienheureux Simon Ballache, Confesseur, de l'Ordre des Frères Prêcheurs, qui, bien que né d'une famille illustre, voulut être reçu entre les Frères Laïcs, et brilla pendant une longue vie par son humilité et ses abstinences. (1319.) *Double*.

Le 5, à Lima, dans l'Amérique méridionale, fête du Bienheureux Martin Porrès, de l'Ordre des Frères Prêcheurs, qui sut si bien allier la pureté de la vie avec les rigueurs de la pénitence, qu'il mérita la grâce des miracles avant et après sa mort. (1639.) *Double*.

Le 7, à Turin, le Bienheureux Pierre de Ruffia, Martyr, de l'Ordre des Frères Prêcheurs. Nommé Inquisiteur de la Foi dans cette même ville, il ne cessa de briller par d'éminentes vertus et surtout par son zèle pour la défense de la vérité Catholique, jusqu'à ce que, le jour même de la Purification de la Bienheureuse Vierge Marie, immolé par les hérétiques à Suze, il mérita l'entrée du Temple des cieux. *Double*.

Le 9, fête de Tous les Saints de Notre Ordre. *Tout Double*.

Le 10, *Anniversaire de tous les Frères et Sœurs défunts de l'Ordre* (1).

Le 14, à Caccamo, en Sicile, fête du Bienheureux Jean Liccius, Confesseur, de l'Ordre des Frères

______

(1) A chacun des anniversaires, on récite dans nos églises l'Office des Morts et on chante la Messe à l'intention de ceux dont on fait l'anniversaire.

Il y a Indulgence plénière pour les Confrères du Rosaire qui assistent à l'Office, à la Messe, et qui font la sainte Communion.

Prêcheurs, qui, doué d'une grande force dans la prédication, d'une ardente charité pour le prochain, d'un grand zèle pour la propagation du Rosaire et pour l'établissement de la discipline régulière, et brillant encore des autres vertus, s'endormit dans le Seigneur à l'âge de cent onze ans. (1511.) *Double.*

Le 15, à Cologne, fête du Bienheureux Albert le Grand, Évêque et Confesseur, de l'Ordre des Frères Prêcheurs, à qui la Bienheureuse Vierge Mère de Dieu, apparaissant elle-même dans une vision, révéla que Dieu avait résolu d'éclairer merveilleusement l'Église par sa science. Il fit durant sa vie et après sa mort un grand nombre de miracles. (1280.) *Double.*

Le 16, à Ferrare, fête de la Bienheureuse Lucie de Narni, Vierge de l'Ordre de notre saint Patriarche Dominique, dont le corps, conservé sans corruption, est en grande vénération à Ferrare. Elle mourut le dix-septième des Calendes de Décembre (15 novembre), mais sa fête se célèbre aujourd'hui. (1544.) *Double.*

Le 27, à Alba, en Piémont, fête de la Bienheureuse Marguerite de Savoie, Veuve ; issue du sang royal, elle méprisa les grandeurs du monde et refusa constamment les alliances les plus brillantes pour embrasser la vie religieuse dans l'Ordre de notre saint Patriarche Dominique. Elle accepta courageusement les calomnies, les maladies et les persécutions que le Ciel lui avait montrées d'avance sous la figure de trois lances, et par la voie étroite de la patience elle gagna le paradis. (1464.) *Double.*

Le 29, à Mantoue, le Bienheureux Jacques des Bienfaits, Évêque et Confesseur de l'Ordre des Frères Prêcheurs. Ayant rempli parfaitement tous les devoirs d'un bon Pasteur, avec l'amour de son troupeau, il mérita le surnom de Père des pauvres. *Double.*

Le deuxième dimanche de novembre, fête du patronage de la Bienheureuse Vierge Marie sur Notre Ordre. *Double.*

DÉCEMBRE.

Le 16, à Gênes, fête du Bienheureux Sébastien Maggi, Confesseur de Notre Ordre, qui, par l'exemple de ses vertus et par ses prédications, établit une piété solide dans plusieurs villes d'Italie. (1494.) *Double.*

Le 22, à Pise en Étrurie, la Bienheureuse Marie Mancini. Elle s'adonna dès ses premiers ans aux œuvres de piété; ayant ensuite contracté les liens du mariage, elle déversa sur les malades l'effusion de sa charité, et enfin ayant embrassé l'état religieux, elle courut à grands pas dans les voies de la perfection. *Double.*

MANUEL

DES

FRÈRES ET SŒURS

DU TIERS ORDRE

DE LA PÉNITENCE DE SAINT DOMINIQUE

PREMIÈRE PARTIE

PRIÈRE DU MATIN

IN NOMINE PATRIS, ET FILII, ET SPIRITUS SANCTI. AMEN.

Mettons-nous en la présence de Dieu ;
adorons son saint nom.

Très-sainte et très-auguste Trinité, Dieu seul en trois personnes, je crois que vous êtes ici présent. Je vous adore avec les sentiments de l'humilité la plus profonde, et vous rends de tout mon cœur les hommages qui sont dus à votre souveraine Majesté.

Remercions Dieu des grâces qu'il nous a faites,
et offrons-nous à lui.

Mon Dieu, je vous remercie très-humblement de toutes les grâces que vous m'avez faites jusqu'ici. C'est encore par un effet de votre bonté que je vois ce jour : je veux aussi l'employer uniquement à vous servir. Je vous en consacre toutes les pensées, les actions et les peines. Bénissez-les, Seigneur, afin qu'il n'y en ait aucune qui ne soit animée de votre amour, et qui ne tende à votre plus grande gloire.

*Fo rmons la résolution d'éviter le péché
et de pratiquer la vertu.*

Adorable Jésus, divin modèle de la perfection à laquelle nous devons aspirer, je vais m'appliquer, autant que je le pourrai, à me rendre semblable à vous, doux, humble, chaste, zélé, patient, charitable et résigné comme vous, et je ferai particulièrement tous mes efforts pour ne pas retomber aujourd'hui dans les fautes que je commets si souvent, et dont je souhaite sincèrement de me corriger.

*Demandons à Dieu les grâces qui nous sont
nécessaires.*

Mon Dieu, vous connaissez ma faiblesse. Je ne puis rien sans le secours de votre grâce; ne me la refusez pas, ô mon Dieu! proportionnez-la à mes besoins : donnez-moi assez de force pour éviter tout le mal que vous défendez, pour pratiquer tout le bien que vous attendez de moi, et pour souffrir patiemment toutes les peines qu'il vous plaira de m'envoyer.

PATER noster, qui es in cœlis, sanctificetur nomen tuum : adveniat regnum tuum : fiat voluntas tua, sicut in cœlo et in terra. Panem nostrum quotidianum da nobis hodie : et dimitte nobis debita nostra, sicut et nos dimittimus debitoribus nostris. Et ne nos inducas in tentationem. Sed libera nos a malo. Amen.

Ave Maria, gratia plena, Dominus tecum; benedicta tu in mulieribus, et benedictus fructus ventris tui, Jesus.

Sancta Maria, Mater Dei, ora pro nobis peccatoribus, nunc et in hora mortis nostræ. Amen.

Credo in Deum, Patrem omnipotentem, creatorem cœli et terræ, et in Jesum Christum Filium ejus unicum, Dominum nostrum, qui conceptus est de Spiritu Sancto, natus ex Maria Virgine; passus sub Pontio Pilato, crucifixus, mortuus et sepultus: descendit ad inferos, tertia die resurrexit a mortuis : ascendit ad cœlos : sedet ad dexteram Dei Patris omnipotentis : inde venturus est judicare vivos et mortuos.

Credo in Spiritum Sanctum, sanctam Ecclesiam Catholicam, Sanctorum communionem, remissionem peccatorum, carnis resurrectionem, vitam æternam. Amen.

Confiteor Deo omnipotenti, Beatæ Mariæ semper Virgini, Beato Michaeli Archangelo, Beato Joanni Baptistæ, sanctis Apostolis Petro et Paulo, omnibus Sanctis, et tibi, Pater, quia peccavi nimis, cogitatione, verbo et opere; mea culpa, mea culpa, mea maxima culpa. Ideo precor Beatam Mariam semper Virginem, Beatum Michaelem Archangelum, Beatum Joannem Baptistam, sanctos Apostolos Petrum et Paulum, omnes Sanctos, et te, Pater, orare pro me ad Dominum Deum nostrum.

Misereatur nostri omnipotens Deus, et dimissis peccatis nostris, perducat nos ad vitam æternam. Amen.

Indulgentiam, absolutionem et remissionem peccatorum nostrorum tribuat nobis omnipotens et misericors Dominus. Amen.

Formons des actes de Foi, d'Espérance et de Charité.

Mon Dieu, je crois fermement tout ce que la sainte Église Catholique, Apostolique et Romaine m'ordonne de croire, parce que c'est vous, ô vérité infaillible, qui le lui avez revélé.

Mon Dieu, j'espère avec une ferme confiance que vous me donnerez, par les mérites de Jésus-Christ, votre grâce en ce monde, et si j'observe vos commandements, votre gloire dans l'autre ; parce que vous me l'avez promis, et que vous êtes souverainement fidèle dans vos promesses.

Mon Dieu, je vous aime de tout mon cœur et par-dessus toutes choses, parce que vous êtes infiniment bon et infiniment aimable ; et j'aime mon prochain comme moi-même pour l'amour de vous.

Invoquons la sainte Vierge, notre bon Ange et notre saint Patron.

Sainte Vierge, Mère de Dieu, ma mère et ma patronne, je me mets sous votre protection, et me jette avec confiance dans le sein de votre miséricorde. Soyez, ô Mère de bonté, mon refuge dans mes besoins, ma consolation dans mes peines, et mon avocate auprès de votre adorable Fils, aujourd'hui, tous les jours de ma vie, et particulièrement à l'heure de ma mort.

Ange du ciel, mon fidèle et charitable guide, obtenez-moi d'être si docile à vos inspirations et de régler si bien mes pas que je ne m'écarte en rien de la voie des commandements de mon Dieu.

Grand saint (*N*), dont j'ai l'honneur de porter le nom, protégez-moi, priez pour moi, afin que je puisse servir Dieu comme vous sur la terre, et le glorifier éternellement avec vous dans le ciel. Ainsi soit-il.

COMMANDEMENTS DE DIEU.

1. Un seul Dieu tu adoreras,
   Et aimeras parfaitement.
2. Dieu en vain tu ne jureras,
   Ni autre chose pareillement.
3. Les Dimanches tu garderas,
   En servant Dieu dévotement.
4. Tes père et mère honoreras,
   Afin de vivre longuement.
5. Homicide point ne seras,
   De fait ni volontairement.
6. Luxurieux point ne seras,
   De corps ni de consentement.
7. Les biens d'autrui tu ne prendras,
   Ni retiendras à ton escient.
8. Faux témoignage ne diras,
   Ni mentiras aucunement.
9. L'œuvre de chair ne désireras,
   Qu'en mariage seulement.
10. Biens d'autrui ne convoiteras,
    Pour les avoir injustement.

COMMANDEMENTS DE L'ÉGLISE.

1. Les Fêtes tu sanctifieras,
   Qui te sont de commandement.
2. Les Dimanches Messe entendras,
   Et les Fêtes pareillement.
3. Tous tes péchés confesseras,
   A tout le moins une fois l'an.
4. Ton Créateur tu recevras,
   Au moins à Pâques humblement.
5. Quatre-Temps, Vigiles jeûneras,
   Et le Carême entièrement.
6. Vendredi chair ne mangeras,
   Ni le samedi mêmement.

———

LITANIES

DU SAINT NOM DE JÉSUS.

Kyrie, eleison. — Seigneur, ayez pitié de nous.

Christe, eleison. — Christ, ayez pitié de nous.

Kyrie, eleison. — Seigneur, ayez pitié de nous.

Christe, audi nos. — Christ, écoutez-nous.

Christe, exaudi nos. — Christ, exaucez-nous.

Pater de cœlis Deus, miserere nobis. — Dieu le Père, des cieux où vous êtes assis, ayez pitié de nous.

Fili Redemptor mundi Deus, miserere nobis. — Dieu le Fils, Rédempteur du monde, ayez pitié de nous.

Spiritus Sancte Deus, miserere nobis. — Dieu le Saint-Esprit, ayez pitié de nous.

Sancta Trinitas unus — Trinité Sainte, qui êtes un

Deus, miserere nobis.	seul Dieu, ayez pitié de nous.
Jesu, Fili Dei vivi,	Jésus, Fils du Dieu vivant,
Jesu, splendor Patris,	Jésus, splendeur du Père,
Jesu, candor lucis æternæ,	Jésus, pureté éclatante de la lumière éternelle,
Jesu, Rex gloriæ,	Jésus, Roi de gloire,
Jesu, sol justitiæ,	Jésus, soleil de justice,
Jesu, Fili Mariæ Virginis,	Jésus, Fils de la Vierge Marie,
Jesu admirabilis,	Jésus admirable,
Jesu, Deus fortis,	Jésus, Dieu fort,
Jesu, Pater futuri sæculi,	Jésus, Père des siècles à venir,
Jesu, magni consilii Angele,	Jésus, Ange du grand conseil,
Jesu potentissime,	Jésus très-puissant,
Jesu patientissime,	Jésus très-patient,
Jesu obedientissime,	Jésus très-obéissant,
Jesu, mitis et humilis corde,	Jésus, doux et humble de cœur,
Jesu, amator castitatis,	Jésus, amant de la chasteté,
Jesu, amator noster,	Jésus, qui nous honorez de votre amour,
Jesu, Deus pacis,	Jésus, Dieu de paix,
Jesu, auctor vitæ,	Jésus, auteur de la vie,
Jesu, exemplar virtutum,	Jésus, modèle des vertus,
Jesu, zelator animarum,	Jésus, zélateur des âmes,
Jesu, Deus noster,	Jésus, notre Dieu,
Jesu, refugium nostrum,	Jésus, notre refuge,
Jesu, pater pauperum,	Jésus, père des pauvres,
Jesu thesaurus fidelium,	Jésus, trésor des fidèles,
Jesu, bone pastor,	Jésus, bon pasteur,
Jesu, lux vera,	Jésus, lumière véritable,
Jesu, sapientia æterna,	Jésus, sagesse éternelle,

Jesu, bonitas infinita,	Jésus, bonté infinie,
Jesu, via et vita nostra,	Jésus, notre voie et notre vie,
Jesu, gaudium Angelorum,	Jésus, joie des Anges,
Jesu, Rex Patriarcharum,	Jésus, Roi des Patriarches,
Jesu, Magister Apostolorum,	Jésus, Maître des Apôtres,
Jesu, Doctor Evangelistarum,	Jésus, Docteur des Évangélistes,
Jesu, fortitudo Martyrum,	Jésus, force des Martyrs,
Jesu, lumen Confessorum,	Jésus, lumière des Confesseurs,
Jesu, puritas Virginum,	Jésus, pureté des Vierges,
Jesu, corona Sanctorum omnium,	Jésus, couronne de tous les Saints,

(Refrain latin, dans la marge : Miserere nobis. — Refrain français, dans la marge : Ayez pitié de nous.)

Propitius esto, parce nobis, Jesu.	Soyez-nous propice, Jésus, pardonnez-nous.
Propitius esto, exaudi nos, Jesu.	Soyez-nous propice, Jésus, exaucez-nous.
Ab omni malo, libera nos, Jesu.	De tout mal, délivrez-nous, Jésus.
Ab omni peccato,	De tout péché,
Ab ira tua,	De votre colère,
Ab insidiis diaboli,	Des embûches du démon,
A spiritu fornicationis,	De l'esprit de fornication,
A morte perpetua,	De la mort éternelle,
A neglectu inspirationum tuarum,	Du mépris de vos divines inspirations,
Per mysterium sanctæ Incarnationis tuæ,	Par le mystère de votre sainte Incarnation,
Per nativitatem tuam,	Par votre nativité,

(Refrain latin, dans la marge : Libera nos, Jesu. — Refrain français, dans la marge : Délivrez-nous, Jésus.)

Per infantiam tuam,

Par votre enfance,

Per divinissimam vitam tuam,

Par votre vie toute divine,

Per labores tuos,

Par vos travaux,

Per agoniam et Passionem tuam,

Par votre agonie et par votre Passion,

Per Crucem et derelictionem tuam,

Par votre Croix et par votre délaissement,

Per languores tuos,

Par vos langueurs,

Per mortem et sepulturam tuam,

Par votre mort et par votre sépulture,

Per Resurrectionem tuam,

Par votre Résurrection,

Libera nos, Jesu.

Délivrez-nous, Jésus.

Per Ascensionem tuam,

Par votre Ascension,

Per gaudia tua,

Par vos joies,

Per gloriam tuam,

Par votre gloire,

Agnus Dei, qui tollis peccata mundi, parce nobis, Jesu.

Agneau de Dieu, qui effacez les péchés du monde, pardonnez-nous, Jésus.

Agnus Dei, qui tollis peccata mundi, exaudi nos, Jesu.

Agneau de Dieu, qui effacez les péchés du monde, exaucez-nous, Jésus.

Agnus Dei, qui tollis peccata mundi, miserere nobis, Jesu.

Agneau de Dieu, qui effacez les péchés du monde, ayez pitié de nous, Jésus.

Jesu, audi nos.

Jésus, écoutez-nous.

Jesu, exaudi nos.

Jésus, exaucez-nous.

℣. Sit nomen Domini benedictum,

℣. Que le nom du Seigneur soit béni,

℞. Ex hoc nunc et usque in sæculum.

℞. Aujourd'hui et dans tous les siècles.

OREMUS.

PRIONS.

Domine Jesu Christe, qui dixisti : Petite, et ac-

Seigneur Jésus-Christ, qui avez dit : Demandez, et

cipietis; quærite, et invenietis; pulsate, et aperietur vobis; quæsumus, da nobis petentibus, divinissimi tui amoris affectum, ut te toto corde, ore et opere diligamus, et a tua nunquam laude cessemus. Qui vivis et regnas in sæcula sæculorum.

Amen.

vous recevrez; cherchez, et vous trouverez; frappez, et il vous sera ouvert; faites-nous, s'il vous plaît, la grâce de concevoir l'affection de votre amour tout divin, afin que nous vous aimions de tout notre cœur en vous confessant de bouche et d'action, et que jamais nous ne cessions de vous louer, vous qui vivez dans les siècles des siècles.

Ainsi soit-il.

ANGELUS.

℣. Angelus Domini nuntiavit Mariæ,

℟. Et concepit de Spiritu Sancto.

Ave, Maria.

℣. Ecce ancilla Domini;

℟. Fiat mihi secundum verbum tuum.

Ave, Maria.

℣. Et Verbum caro factum est,

℟. Et habitavit in nobis.

Ave, Maria.

℣. L'Ange du Seigneur annonça à Marie qu'elle deviendrait la Mère du Fils de Dieu.

℟. Et elle conçut par l'opération de l'Esprit-Saint.

Je vous salue, Marie.

℣. Voici la servante du Seigneur;

℟. Qu'il me soit fait selon votre parole.

Je vous salue, Marie.

℣. Et le Verbe s'est fait chair,

℟. Et il a habité parmi nous.

Je vous salue, Marie.

℣. Ora pro nobis, Sancta Dei Genitrix.

℟. Ut digni efficiamur promissionibus Christi.

℣. Sainte Mère de Dieu, priez pour nous.

℟. Afin que nous soyons rendus dignes des promesses de Jésus-Christ.

OREMUS.

PRIONS.

Gratiam tuam, quæsumus, Domine, mentibus nostris infunde ; ut qui, Angelo nuntiante, Christi Filii tui Incarnationem cognovimus, per Passionem ejus et Crucem, ad Resurrectionis gloriam perducamur. Per eumdem Christum Dominum nostrum.

Amen.

Seigneur, nous vous supplions de répandre votre grâce dans nos âmes ; afin qu'ayant connu par la voix de l'Ange, l'Incarnation de votre Fils J.-C., nous arrivions, par sa Passion et sa Croix, à la gloire de sa Résurrection. Par le même Jésus-Christ Notre-Seigneur.

Ainsi soit-il.

PRIÈRE DU SOIR

AU NOM DU PÈRE, ET DU FILS, ET DU SAINT - ESPRIT.
AINSI SOIT - IL.

Mettons-nous en la présence de Dieu, adorons-le.

Je vous adore, ô mon Dieu! avec la soumission que m'inspire la présence de votre souveraine grandeur. Je crois en vous, parce que vous êtes la vérité même. J'espère en vous, parce que vous êtes infiniment bon. Je vous aime de tout mon cœur, parce que vous êtes souverainement aimable, et j'aime le prochain comme moi-même pour l'amour de vous.

Remercions Dieu des grâces qu'il nous a faites.

Quelles actions de grâces vous rendrai-je, ô mon Dieu! pour tous les biens que j'ai reçus de vous? Vous avez pensé à moi de toute éternité, vous m'avez tiré du néant, vous avez donné votre vie pour me racheter, et vous me comblez encore tous les jours d'une infinité de faveurs. Hélas! Seigneur, que puis-je faire en reconnaissance de tant de bontés? Joignez-vous à moi, Esprits bienheureux, pour louer le Dieu des miséricordes, qui ne cesse de faire du bien à la plus indigne et la plus ingrate de ses créatures.

Demandons à Dieu de connaitre nos péchés.

Source éternelle de lumières, Esprit-Saint, dissipez les ténèbres qui me cachent la laideur et la malice du péché. Faites-m'en concevoir une si grande horreur, ô mon Dieu ! que je le haïsse, s'il se peut, autant que vous le haïssez vous-même, et que je ne craigne rien tant que de le commettre à l'avenir.

Examinons-nous sur le mal commis.

ENVERS DIEU : *Omissions ou négligence dans nos devoirs de piété; irrévérence à l'église, distractions volontaires dans nos prières, défaut d'intention, résistance à la grâce, jurements, murmures, manque de confiance et de résignation.*

ENVERS LE PROCHAIN : *Jugements téméraires, mépris, haine, jalousie, désir de vengeance, querelles, emportements, imprécations, injures, médisances, railleries, faux rapports, dommages aux biens ou à la réputation, mauvais exemple, scandale, manque de respect, d'obéissance, de charité, de zèle, de fidélité.*

ENVERS NOUS-MÊMES : *Vanité, respect humain, mensonges, pensées, désirs, discours et actions contraires à la pureté, intempérance, colère, impatience, vie inutile et sensuelle, paresse à remplir les devoirs de notre état.*

Faisons un acte de Contrition.

Me voici, Seigneur, tout couvert de confusion, et pénétré de douleur à la vue de mes fautes. Je viens les détester devant vous, avec un vrai déplaisir d'avoir offensé un Dieu si bon, si aimable et si digne d'être aimé. Était-ce donc là, ô mon Dieu! ce que vous deviez attendre de ma reconnaissance après m'avoir aimé jusqu'à répandre votre sang pour moi? Non, Seigneur, j'ai poussé trop loin ma malice et mon ingratitude; je vous en demande très-humblement pardon, et je vous conjure, ô mon Dieu, par cette même bonté dont j'ai ressenti tant de fois les effets, de m'accorder la grâce d'en faire dès aujourd'hui, et jusqu'à la mort, une sincère pénitence.

Faisons un ferme propos de ne plus pécher.

Que je souhaiterais, ô mon Dieu! ne vous avoir jamais offensé! Mais puisque j'ai été assez malheureux que de vous déplaire, je vais vous marquer la douleur que j'en ai par une conduite tout opposée à celle que j'ai gardée jusqu'ici. Je renonce dès à présent au péché et à l'occasion du péché, surtout à celui où j'ai la faiblesse de retomber si souvent. Et si vous daignez m'accorder votre grâce, ainsi que je la demande et que je l'espère, je tâcherai de remplir si fidèlement mes devoirs, que rien ne sera capable de m'arrêter quand il s'agira de vous servir. Ainsi soit-il.

Notre Père, qui êtes aux cieux, que votre nom soit sanctifié, que votre règne arrive, que votre volonté soit faite en la terre comme au ciel. Donnez-nous aujourd'hui notre pain quotidien, et pardonnez-nous nos offenses, comme nous pardonnons à ceux qui nous ont offensés; et ne nous laissez pas succomber à la tentation, mais délivrez-nous du mal. Ainsi soit-il.

Je vous salue, Marie, pleine de grâce, le Seigneur est avec vous, vous êtes bénie entre toutes les femmes, et Jésus le fruit de vos entrailles est béni.

Sainte Marie, Mère de Dieu, priez pour nous, pauvres pécheurs, maintenant et à l'heure de notre mort. Ainsi soit-il.

Je crois en Dieu le Père Tout-Puissant, Créateur du ciel et de la terre; et en Jésus-Christ, son Fils unique, Notre-Seigneur, qui a été conçu du Saint-Esprit, est né de la Vierge Marie, a souffert sous Ponce-Pilate, a été crucifié, est mort et a été enseveli, est descendu aux enfers, est ressuscité des morts le troisième jour, est monté aux cieux, est assis à la droite de Dieu le Père Tout-Puissant, d'où il viendra juger les vivants et les morts.

Je crois au Saint-Esprit, la sainte Église catholique, la communion des Saints, la rémission des péchés, la résurrection de la chair, la vie éternelle. Ainsi soit-il.

Je confesse à Dieu Tout-Puissant, à la Bienheureuse Marie toujours Vierge, à saint Michel Archange, à saint Jean-Baptiste, aux saints Apôtres Pierre et Paul, à tous les Saints (et à vous, mon Père), que j'ai beaucoup péché par pensées, par paroles et par actions : c'est ma faute, c'est ma faute, c'est ma très-grande faute. C'est pourquoi je prie la bienheureuse Marie toujours Vierge, saint

Michel Archange, saint Jean-Baptiste, les saints Apôtres Pierre et Paul, tous les Saints (et vous, mon Père), de prier pour moi le Seigneur notre Dieu.

Que le Dieu Tout-Puissant nous fasse miséricorde, qu'il nous pardonne nos péchés, et nous conduise à la vie éternelle. Ainsi soit-il.

Que le Seigneur Tout-Puissant et miséricordieux nous accorde indulgence, absolution et rémission de tous nos péchés. Ainsi soit-il.

Recommandons-nous à Dieu, à la sainte Vierge et aux Saints.

Bénissez, ô mon Dieu ! le repos que je vais prendre pour réparer mes forces, afin de vous mieux servir. Vierge sainte, Mère de mon Dieu, et après lui mon unique espérance, mon bon Ange, mon saint Patron, intercédez pour moi, protégez-moi pendant cette nuit, tout le temps de ma vie, et à l'heure de ma mort. Ainsi soit-il.

Prions pour les vivants.

Répandez, Seigneur, vos bénédictions sur mes parents, mes bienfaiteurs, mes amis et mes ennemis. Protégez tous ceux que vous m'avez donnés pour maîtres, tant spirituels que temporels. Secourez les pauvres, les prisonniers, les affligés, les voyageurs, les malades et les agonisants. Convertissez les hérétiques et éclairez les infidèles.

Prions pour les Fidèles trépassés.

Dieu de bonté et de miséricorde, ayez pitié des

âmes des fidèles qui sont dans le purgatoire, mettez
fin à leurs peines, et donnez à celles pour lesquelles
je suis obligé de prier, le repos et la lumière éternelle. Ainsi soit-il.

LITANIES

DE LA SAINTE VIERGE.

Kyrie, eleison.	Seigneur, ayez pitié de nous.
Christe, eleison.	Christ, ayez pitié de nous.
Kyrie, eleison.	Seigneur, ayez pitié de nous.
Christe, audi nos.	Christ, écoutez-nous.
Christe, exaudi nos.	Christ, exaucez-nous.
Pater de cœlis Deus, miserere nobis.	Dieu le Père, des cieux où vous êtes assis, ayez pitié de nous.
Fili Redemptor mundi Deus, miserere nobis.	Dieu le Fils, Rédempteur du monde, ayez pitié de nous.
Spiritus Sancte Deus, miserere nobis.	Dieu le Saint-Esprit, ayez pitié de nous.
Sancta Trinitas unus Deus, miserere nobis.	Trinité sainte, qui êtes un seul Dieu, ayez pitié de nous.
Sancta Maria, ora pro nobis.	Sainte Marie, priez pour nous.
Sancta Dei Genitrix,	Sainte Mère de Dieu,
Sancta Virgo Virginum,	Sainte Vierge des Vierges,
Mater Christi,	Mère du Christ,
Mater divinæ gratiæ,	Mère de la divine grâce,
Mater purissima,	Mère très-pure,
Mater castissima,	Mère très-chaste,
Mater inviolata,	Mère sans tache,

Mater intemerata,	Mère sans corruption,
Mater amabilis,	Mère aimable,
Mater admirabilis,	Mère admirable,
Mater Creatoris,	Mère du Créateur,
Mater Salvatoris,	Mère du Sauveur,
Virgo prudentissima,	Vierge très-prudente,
Virgo veneranda,	Vierge vénérable,
Virgo prædicanda,	Vierge célèbre,
Virgo potens,	Vierge puissante,
Virgo clemens,	Vierge clémente,
Virgo fidelis,	Vierge fidèle,
Speculum justitiæ,	Miroir de justice,
Sedes sapientiæ,	Temple de sagesse,
Causa nostræ lætitiæ,	Cause de notre joie,
Vas spirituale,	Vaisseau spirituel,
Vas honorabile,	Vaisseau honorable,
Vas insigne devotionis,	Vaisseau insigne de la dévotion,
Rosa mystica,	Rose mystique,
Turris Davidica,	Tour de David,
Turris eburnea,	Tour d'ivoire,
Domus aurea,	Maison dorée,
Fœderis arca,	Arche d'Alliance,
Janua cœli,	Porte du ciel,
Stella matutina,	Étoile du matin,
Salus infirmorum,	Santé des infirmes,
Refugium peccatorum,	Refuge des pécheurs,
Consolatrix afflictorum,	Consolatrice des affligés,
Auxilium Christianorum,	Secours des chrétiens,
Regina Angelorum,	Reine des Anges,
Regina Patriarcharum,	Reine des Patriarches,
Regina Prophetarum,	Reine des Prophètes,
Regina Apostolorum,	Reine des Apôtres,

Ora pro nobis. — *Priez pour nous.*

Regina Martyrum,
Regina Confessorum,
Regina Virginum,
Regina Sanctorum omnium,
Regina sine labe originali concepta,
Regina sacratissimi Rosarii (bis),

Ora pro nobis.

Agnus Dei, qui tollis peccata mundi, parce nobis, Domine.

Agnus Dei, qui tollis peccata mundi, exaudi nos, Domine.

Agnus Dei, qui tollis peccata mundi, miserere nobis.

Christe, audi nos.
Christe, exaudi nos.

℣. Ora pro nobis, Sancta Dei Genitrix.

℟. Ut digni efficiamur promissionibus Christi.

Reine des Martyrs,
Reine des Confesseurs,
Reine des Vierges,
Reine de tous les Saints,
Reine conçue sans la tache originelle,
Reine du très-sacré Rosaire.

Priez pour nous.

Agneau de Dieu, qui effacez les péchés du monde, pardonnez-nous, Seigneur.

Agneau de Dieu, qui effacez les péchés du monde, exaucez-nous, Seigneur.

Agneau de Dieu, qui effacez les péchés du monde, ayez pitié de nous.

Christ, écoutez-nous.
Christ, exaucez-nous.

℣. Sainte Mère de Dieu, priez pour nous.

℟. Afin que nous soyons rendus dignes des promesses de Jésus-Christ.

OREMUS.

Gratiam tuam, quæsumus, Domine, mentibus nostris infunde; ut qui, Angelo nuntiante, Christi Filii tui Incarnationem cognovimus, per Passionem ejus et Crucem, ad Resurre-

PRIONS.

Seigneur, nous vous supplions de répandre votre grâce dans nos âmes, afin qu'ayant connu par la voix de l'Ange, l'Incarnation de votre Fils Jésus-Christ, nous arrivions, par sa Passion et sa Croix, à la gloire

ctionis gloriam perducamur. Per eumdem Christum Domiuum nostrum.

Amen.

de sa Résurrection. Par le même Jésus-Christ Notre-Seigneur.

Ainsi soit-il.

PRIÈRE.

Nous vous supplions, Seigneur, de visiter cette demeure, et d'en éloigner toutes les embûches de l'ennemi : que vos saints Anges y habitent, afin de nous conserver en paix, et que votre bénédiction soit toujours sur nous. Par Notre-Seigneur Jésus-Christ. Ainsi soit-il.

ANGELUS.

Comme à la page 10.

MANIÈRE DE SERVIR LA MESSE

LE RIT DOMINICAIN.

Après avoir préparé les burettes, aidé respectueusement le Prêtre à s'habiller dans la sacristie, le Servant le précède en se rendant à l'autel ; et portant le missel appuyé sur sa poitrine, il va le placer sur le pupitre, du côté de l'épître ; il allume les cierges. Il présente ensuite au Prêtre le vin et l'eau à mettre dans le calice ; en présentant l'eau, il dit :

Benedicite.

Le Prêtre : In nomine Patris, et ✝ Filii, et Spiritus Sancti.

℟. Amen.

Cette rubrique ne s'observe pas aux messes des morts, où l'on ne bénit pas l'eau.

Le Servant va s'agenouiller à l'angle de l'autel du côté de l'évangile. En règle générale, il doit toujours se tenir du côté opposé au missel, pour ne pas gêner les mouvements du Prêtre, et chaque fois qu'il passe devant le Saint-Sacrement, il doit faire une génuflexion.

Étant au pied de l'autel, le Prêtre dit :

℣. Confitemini Domino quoniam bonus.
℟. Quoniam in sæculum misericordia ejus.

Le Prêtre : Confiteor Deo omnipotenti, et Beatæ Mariæ

semper Virgini, et Beato Dominico Patri nostro, et omnibus Sanctis, et vobis, Fratres, quia peccavi nimis cogitatione, opere et omissione, mea culpa; precor vos orare pro me.

℟. Misereatur tui omnipotens Deus, et dimittat tibi omnia peccata tua; liberet te ab omni malo, salvet et confirmet in omni opere bono, et perducat te ad vitam æternam.

Le Prêtre : Amen.

Le Servant : Confiteor Deo omnipotenti, et Beatæ Mariæ semper Virgini, et Beato Dominico Patri nostro, et omnibus Sanctis, et tibi, Pater, quia peccavi nimis cogitatione, locutione, opere et omissione, mea culpa; precor te orare pro me.

Le Prêtre : Misereatur vestri omnipotens Deus, et dimittat vobis omnia peccata vestra; liberet vos ab omni malo, salvet et confirmet in omni opere bono, et perducat vos ad vitam æternam.

℟. Amen.

Le Prêtre : Absolutionem et remissionem omnium peccatorum vestrorum tribuat vobis omnipotens et misericors Dominus.

℟. Amen.

Le Prêtre : Adjutorium nostrum in nomine Domini.

℟. Qui fecit cœlum et terram.

Le Prêtre dit le *Kyrie*, auquel le Servant répond alternativement :

Kyrie eleison.
℟. Kyrie eleison.
Kyrie eleison.
℟. Christe eleison.
Christe eleison.
℟. Christe eleison.
Kyrie eleison.
℟. Kyrie eleison.
Kyrie eleison.

Avant la collecte, le Prêtre dit :

Dominus vobiscum.
℟. Et cum spiritu tuo.

A la fin de la première et de la dernière collecte :

Per omnia sæcula sæculorum.
℟. Amen.

A la fin de l'épître, le Servant ne répond rien, mais il se lève et va chercher le missel, qu'il transporte à l'angle de l'autel du côté de l'évangile.

Le Prêtre : Dominus vobiscum.
℟. Et cum spiritu tuo.
Le Prêtre : Initium, *ou* Sequentia Sancti Evangelii secundum *N.*
℟. Gloria tibi, Domine.

Le Servant va se placer debout du côté de l'épître, et il ne répond rien à la fin de l'évangile. Après l'offertoire, il va prendre la burette d'eau, le bassin et le manuterge, et se présente pour verser l'eau sur les doigts du Prêtre.

A l'*Orate fratres*, il ne répond rien.

A la préface, le Prêtre dit :

Per omnia sæcula sæculorum.
℟. Amen.
Dominus vobiscum.
℟. Et cum spiritu tuo.
Sursum corda.
℟. Habemus ad Dominum.
Gratias agamus Domino Deo nostro.
℟. Dignum et justum est.

Au *Sanctus*, le Servant avertit les assistants par quelques coups de sonnette, puis il se lève, et va allumer le cierge qui a dû être préparé à cet effet du côté de l'épître. Lorsque le Prêtre fait le signe de la croix sur le calice, il va se placer à sa droite, sonne quelques coups au moment de l'élévation de la sainte hostie et du calice, puis retourne s'agenouiller du côté de l'épître. Il ne sonne pas avant le *Pater*, parce que le Prêtre n'élève pas le calice et la sainte hostie.

Au *Pater*, le Prêtre dit :

Per omnia sæcula sæculorum.
℟. Amen.

Le Prêtre : Pater noster, etc. Et ne nos inducas in tentationem.
℟. Sed libera nos a malo.

Avant l'*Agnus Dei*, le Prêtre dit :

Per omnia sæcula sæculorum.
℟. Amen.
Pax Domini sit semper vobiscum.
℟. Et cum spiritu tuo.

Comme le Prêtre ne dit pas *Domine, non sum dignus*, le Servant, afin d'avertir les fidèles qui se disposent à communier, sonnera à l'*Agnus Dei*. S'il se présente quelque personne à la sainte table, il récite le *Confiteor* ; puis le Prêtre dit les versets *Misereatur*, et *Absolutionem*, auxquels il répond *Amen*, et ensuite il accompagne le Prêtre avec le cierge qu'il a allumé au *Sanctus*.

Pendant que le Prêtre recueille les parcelles après la communion, le Servant va chercher les burettes et se rend auprès de l'autel, sans monter sur le marchepied, même pour la première ablution. Il verse du vin dans le calice que le Prêtre lui présente, et attend ensuite à la même place qu'il s'avance pour les dernières ablutions ; il lui verse alors du vin et de l'eau sur les doigts. Après quoi, il rapporte le missel du côté de l'épître (éteint le cierge qu'il a allumé au *Sanctus*), et va s'agenouiller du côté de l'évangile.

Après la communion, le Prêtre dit :

Dominus vobiscum.
℞. Et cum spiritu tuo.

A la fin de la première et de la dernière postcommunion :

Per omnia sæcula sæculorum.
℞. Amen.

Si le Prêtre doit dire le dernier évangile dans le missel, le Servant va le prendre et le transporte du côté de l'évangile.

Le Prêtre dit ensuite :

Dominus vobiscum.
℞. Et cum spiritu tuo.
Ite missa est, *ou* Benedicamus Domino (1).
℞. Deo gratias.
Benedictio Dei omnipotentis Patris, et † Filii, et Spiritus Sancti, descendat super vos et maneat semper.
℞. Amen.

Aux messes des morts, le Prêtre ne dit ni *Ite missa est*, ni *Benedicamus Domino*, mais, *Requiescant in pace*, auquel on répond : *Amen*. Il n'y a point de bénédiction.

_____

(1) Pendant la semaine de Pâques, le Prêtre dit : *Ite missa est*, *alleluia, alleluia;* et le Servant répond : *Deo gratias, alleluia, alleluia.*

Avant le dernier évangile, le Prêtre dit :

Dominus vobiscum.
℟. Et cum spiritu tuo.
Initium, *ou* Sequentia Sancti Evangelii secundum N.
℟. Gloria tibi, Domine.

A la fin de l'évangile, le Servant répond :

℟. Deo gratias.

Le Servant va ensuite reprendre le missel, revient au pied de l'autel faire la génuflexion avec le Prêtre, qu'il précède en rentrant à la sacristie. Après l'avoir aidé à ôter ses ornements sacerdotaux, il lui demande à genoux sa bénédiction en disant :

Benedictus Deus.
Le Prêtre : Pater et Filius, † et Spiritus Sanctus.
℟. Amen.

PRIÈRES

DURANT

LA SAINTE MESSE.

Comme les prières suivantes sont trop abrégées pour une Messe haute, on les a fait précéder de réflexions pratiques sur lesquelles on pourra faire de pieuses méditations.

AU NOM DU PÈRE, ET DU FILS, ET DU SAINT - ESPRIT. AINSI SOIT - IL.

C'est en votre nom, adorable Trinité, c'est pour vous rendre l'honneur et les hommages qui vous sont dus, que j'assiste au très-saint et très-auguste sacrifice.

Permettez - moi, divin Sauveur, de m'unir d'intention au ministre de vos autels pour offrir la précieuse victime de mon salut, et donnez - moi les sentiments que j'aurais dû avoir sur le Calvaire, si j'avais assisté au sacrifice sanglant de votre Passion.

CONFITEOR.

Repassez dans l'amertume de votre cœur les péchés que vous avez commis. Rappelez en gros et confusément ceux qui vous humilient davantage. Exposez à Dieu vos faiblesses : priez-le qu'il vous les pardonne, et que l'abîme de vos misères attire sur vous, dans ce sacrifice, l'abîme de ses miséricordes.

Je m'accuse devant vous, ô mon Dieu, de tous les péchés dont je suis coupable. Je m'en accuse en présence de Marie, la plus pure de toutes les vierges, en présence de tous les Saints, et de tous les fidèles, parce que j'ai péché en pensées, en paroles, en actions, et en omissions; par ma faute, oui, par ma faute, et par ma très-grande faute. C'est pourquoi je conjure la très-sainte Vierge et tous les Saints de vouloir bien intercéder pour moi.

Seigneur, écoutez favorablement ma prière, et accordez-moi l'indulgence, l'absolution et la rémission de tous mes péchés.

KYRIE ELEISON.

Entretenez-vous dans un doux sentiment de confiance en la bonté de Dieu, qui, vous permettant d'employer un moyen aussi efficace que celui-ci pour lui demander la grâce de votre réconciliation, vous donne en même temps un gage assuré que vous pourrez l'obtenir.

Divin Créateur de nos âmes, ayez pitié de l'ouvrage de vos mains; Père miséricordieux, faites miséricorde à vos enfants.

Auteur de notre salut, immolé pour nous, appliquez-nous les mérites de votre mort et de votre précieux sang.

Aimable Sauveur, doux Jésus, ayez compassion de nos misères, pardonnez-nous nos péchés.

GLORIA IN EXCELSIS.

Concevez un grand désir de procurer à Dieu toute la gloire, et au prochain tout le bien que vous pourrez. Réjouissez-vous avec les anges de la part que vous avez à la connaissance des saints mystères. Remplissez-vous de hautes et magnifiques idées de la majesté de Dieu et de Jésus-Christ son Fils.

Gloire à Dieu dans le ciel, et paix sur la terre aux hommes de bonne volonté. Nous vous louons, Seigneur, nous vous bénissons, nous vous adorons, nous vous glorifions, nous vous rendons de très-humbles actions de grâces, dans la vue de votre grande gloire, vous qui êtes le Seigneur, le souverain Monarque, le Très-Haut, le seul vrai Dieu, le Père tout-puissant.

Adorable Jésus, Fils unique du Père, Dieu et Seigneur de toutes choses, Agneau envoyé de Dieu pour effacer les péchés du monde, ayez pitié de nous, et, du haut du ciel, où vous régnez avec votre Père, jetez un regard de compassion sur nous. Sauvez-nous, vous êtes le seul qui le puissiez, Seigneur Jésus, parce que vous êtes infiniment saint, infiniment puissant, infiniment adorable, avec le Saint-Esprit, dans la gloire du Père. Ainsi soit-il.

ORAISON.

Accordez-nous, Seigneur, par l'intercession de la sainte Vierge et des Saints que nous honorons, toutes les grâces que votre ministre vous demande pour lui et pour nous. M'unissant à lui, je vous fais la même prière pour ceux et celles pour qui je suis obligé de prier, et je vous demande, Seigneur, pour eux et pour moi, tous les secours que vous savez nous être nécessaires afin d'obtenir la vie éternelle; au nom de Jésus-Christ Notre-Seigneur. Ainsi soit-il.

ÉPÎTRE.

Transportez-vous en esprit au temps des patriarches et des prophètes, qui ne soupiraient qu'après le Messie ; entrez dans leurs empressements, formez leurs désirs, prenez les sentiments qu'ils eurent alors ; vous attendez le même Sauveur, et, plus heureux qu'eux, vous le voyez.

Mon Dieu, vous m'avez appelé à la connaissance de votre sainte loi, préférablement à tant de peuples qui vivent dans l'ignorance de vos mystères. Je l'accepte de tout mon cœur, cette divine loi, et j'écoute avec respect les oracles sacrés que vous avez prononcés par la bouche de vos Prophètes. Je les révère avec toute la soumission qui est due à la parole d'un Dieu, et j'en vois l'accomplissement avec toute la joie de mon âme.

Que n'ai-je pour vous, ô mon Dieu, un cœur semblable à celui des Saints de votre Ancien Testament ! Que ne puis-je vous désirer avec l'ardeur des Patriarches, vous connaître et vous révérer comme les Prophètes, vous aimer et m'attacher uniquement à vous comme les Apôtres !

ÉVANGILE.

Regardez l'Évangile que vous allez entendre comme la règle de votre foi et de vos mœurs ; règle que Jésus-Christ lui-même vous a tracée, et que vous avez promis de suivre par les engagements du baptême, règle que vous observez mal, et sur laquelle vous serez jugé sans adoucissement et sans appel.

Ce ne sont plus, ô mon Dieu, les Prophètes ni les Apôtres qui vont m'instruire de mes devoirs : c'est votre Fils unique ; c'est sa parole que je vais entendre. Mais, hélas! que me servira d'avoir cru que c'est votre parole, Seigneur Jésus, si je n'agis pas conformément à ma croyance? Que me servira, lorsque je paraîtrai devant vous, d'avoir eu la foi, sans le mérite de la charité et des bonnes œuvres?

Je crois, et je vis comme si je ne croyais pas, ou comme si je croyais un Évangile contraire au vôtre. Ne me jugez pas, ô mon Dieu, sur cette opposition perpétuelle que je mets entre vos maximes et ma conduite. Je crois, mais inspirez-moi le courage et la force de pratiquer ce que je crois. A vous, Seigneur, en reviendra toute la gloire.

CREDO.

Affermissez ici votre foi. Tout ce que l'Église vous propose à croire est fondé sur la parole de Dieu, annoncée par les prophètes, révélée dans les Écritures, attestée par les miracles, vérifiée par l'établissement de la foi, confirmée par les martyrs, et rendue sensible par la sainteté de notre religion, et par le solide consentement de ceux qui la professent avec fidélité.

Je crois en un seul Dieu, Père Tout-Puissant, qui a fait le ciel et la terre, les choses visibles et invisibles; et en un Seigneur Jésus-Christ, Fils unique de Dieu, né de Dieu son Père avant tous les siècles : Dieu de Dieu, lumière de lumière, vrai Dieu du vrai Dieu; engendré et non créé, consubstantiel à son Père, et par qui tout a été fait. Qui est descendu du ciel pour l'amour de nous et pour notre salut; qui s'est incarné, par l'opération du Saint-Esprit, dans le sein de la

Vierge Marie, et qui s'est fait homme. Je crois aussi que Jésus-Christ a été crucifié pour l'amour de nous sous Ponce-Pilate; qu'il a souffert la mort, et qu'il a été enseveli; qu'il est ressuscité le troisième jour, suivant les Écritures; qu'il est monté au ciel, et qu'il y est assis à la droite de son Père; qu'il viendra encore une fois sur la terre avec gloire pour juger les vivants et les morts, et que son règne n'aura point de fin.

Je crois au Saint-Esprit, Seigneur et source de vie, qui procède du Père et du Fils, qui est adoré et glorifié avec le Père et le Fils, et qui a parlé par les Prophètes. Je crois que l'Église est une, sainte, catholique et apostolique; je confesse qu'il y a un baptême pour la rémission des péchés, et j'attends la résurrection des morts, et la vie du siècle à venir. Ainsi soit-il.

OFFERTOIRE.

Songez au bonheur inconcevable que vous avez de trouver dans ce sacrifice de quoi honorer parfaitement Dieu, le remercier d'une manière qui égale ses dons, effacer entièrement vos péchés, et obtenir, tant pour vous que pour les autres, toutes les grâces dont vous avez besoin; et mettez à profit tous les précieux moments de cet inestimable bonheur.

Père infiniment saint, Dieu tout-puissant et éternel, quelque indigne que je sois de paraître devant vous, j'ose vous présenter cette hostie par les mains du Prêtre, avec l'intention qu'a eue Jésus-Christ mon Sauveur lorsqu'il institua ce sacrifice, et qu'il a encore au moment où il s'immole ici pour moi.

Je vous l'offre pour reconnaître votre souverain domaine sur moi et sur toutes les créatures. Je vous l'offre pour l'expiation de mes péchés et en actions de grâces de tous les bienfaits dont vous m'avez comblé.

Je vous l'offre enfin, mon Dieu, cet auguste sacrifice, afin d'obtenir de votre infinie bonté pour moi, pour mes parents, pour mes bienfaiteurs, mes amis et mes ennemis, ces grâces précieuses de salut qui ne peuvent être accordées à un pécheur qu'en vue des mérites de celui qui est le Juste par excellence, et qui s'est fait victime de propitiation pour tous.

Mais, en vous offrant cette adorable Victime, je vous recommande, ô mon Dieu, toute l'Église catholique, notre Saint-Père le Pape, notre Évêque, tous les Pasteurs des âmes, notre patrie, les États et les Princes chrétiens, et tous les peuples qui croient en vous.

Souvenez-vous aussi, Seigneur, des fidèles trépassés; et, en considération des mérites de votre Fils, donnez-leur un lieu de rafraîchissement, de lumière et de paix.

N'oubliez pas, mon Dieu, vos ennemis et les miens; ayez pitié de tous les infidèles, des hérétiques et de tous les pécheurs. Comblez de bénédictions ceux qui me persécutent, et pardonnez-moi mes péchés, comme je leur pardonne tout le mal qu'ils me font ou qu'ils voudraient me faire. Ainsi soit-il.

PRÉFACE.

Élevez-vous en esprit dans le ciel, jusqu'au pied du trône de la divinité. Là, pénétré d'une sainte et respectueuse crainte, à la vue de cette éclatante majesté, rendez-lui vos hommages, et mêlez vos louanges aux célestes cantiques des anges et des chérubins qui l'environnent.

Voici l'heureux moment où le Roi des anges et des hommes va paraître. Seigneur, remplissez-moi de votre esprit; que mon cœur, dégagé de la terre, ne pense qu'à vous. Quelle obligation n'ai-je pas de vous bénir et de vous louer en tout temps et en tout lieu, Dieu du ciel et de la terre, maître infiniment grand, Père tout-puissant et éternel!

Rien n'est plus juste, rien n'est plus avantageux que de nous unir à Jésus-Christ pour vous adorer continuellement. C'est par lui que tous les esprits bienheureux rendent leurs hommages à votre majesté; c'est par lui que toutes les Vertus du ciel, saisies d'une frayeur respectueuse, s'unissent pour vous glorifier. Souffrez, Seigneur, que nous joignions nos faibles louanges à celles de ces saintes intelligences, et que, de concert avec elles, nous disions dans un transport de joie et d'admiration:

SANCTUS.

Saint, Saint, Saint, est le Seigneur, le Dieu des armées! Tout l'univers est rempli de sa gloire. Que les bienheureux le bénissent dans le ciel. Béni soit celui qui vient sur la terre, Dieu et Seigneur comme celui qui l'envoie.

CANON.

Représentez-vous ici l'autel sur lequel Jésus-Christ va se

rendre, comme sur le trône de sa miséricorde où vous avez droit de vous présenter pour exposer tous vos besoins, pour demander et pour obtenir. Dieu, qui nous donne son propre Fils, peut-il nous refuser quelque chose?

Nous vous conjurons, au nom de Jésus-Christ, votre Fils et notre Seigneur, ô Père infiniment miséricordieux, d'avoir pour agréable et de bénir l'offrande que nous vous présentons, afin qu'il vous plaise de conserver, de défendre et de gouverner votre sainte Église catholique, avec tous les membres qui la composent : notre S.-P. le Pape, notre Évêque, et généralement tous ceux qui font profession de votre sainte foi.

MÉMOIRE DES VIVANTS.

Nous vous recommandons en particulier, Seigneur, ceux pour qui la justice, la reconnaissance et la charité nous obligent de prier; tous ceux qui sont présents à cet adorable sacrifice, et principalement N^{***} et N^{***}. Et afin, grand Dieu, que nos hommages vous soient plus agréables, nous nous unissons à la glorieuse Marie, toujours vierge, mère de notre Dieu et Seigneur Jésus-Christ; à tous vos Apôtres, à tous les bienheureux martyrs, et à tous les Saints, qui composent avec nous une même Église.

Que n'ai-je en ce moment, ô mon Dieu, les désirs enflammés avec lesquels les saints patriarches souhaitaient la venue du Messie! Que n'ai-je leur foi et leur amour! Venez, Seigneur Jésus, venez, aimable Rédempteur du monde, venez accomplir un mystère qui est l'abrégé de toutes vos merveilles. Il vient, cet Agneau de Dieu ; voici l'adorable Victime par qui tous les péchés du monde sont effacés.

ÉLÉVATION.

Voilà votre **Dieu**, votre Sauveur et votre Juge. Soyez quelque temps dans le silence, comme saisi d'admiration à la vue de ce qui se passe sur l'autel. Rappelez toute votre ferveur, et livrez-vous à tous les sentiments que le respect, la confiance et la crainte sont capables d'inspirer.

Verbe incarné, divin Jésus, vrai Dieu et vrai homme, je crois que vous êtes ici présent ; je vous y adore avec humilité ; je vous aime de tout mon cœur ; et, comme vous y venez pour l'amour de moi, je me consacre entièrement à vous.

J'adore ce sang précieux que vous avez répandu pour tous les hommes ; et j'espère, ô mon Dieu, que vous ne l'aurez pas versé inutilement pour moi. Faites-moi la grâce de m'en appliquer les mérites. Je vous offre le mien, aimable Jésus, en reconnaissance de cette charité infinie que vous avez eue de donner le vôtre pour l'amour de moi.

SUITE DU CANON.

Contemplez affectueusement votre Sauveur sur l'autel. Méditez les mystères qu'il y renouvelle. Unissez le sacrifice de votre cœur à celui de son corps. Offrez-le à Dieu son Père ; suppliez-le d'accepter les prières que ce cher Fils lui fait pour vous, et priez vous-même pour les autres.

Quelles seraient donc désormais ma malice et mon ingratitude, si, après avoir vu ce que je vois, je consentais à vous offenser ! Non, mon Dieu, je n'oublierai jamais ce que vous me représentez par cette auguste cérémonie : les souffrances de votre Passion, la gloire de votre Résurrection, votre corps tout déchiré, votre sang répandu pour nous, réellement présent à mes yeux sur cet autel.

C'est maintenant, éternelle Majesté, que nous vous offrons par votre grâce et véritablement la Victime pure, sainte et sans tache, qu'il vous a plu de nous donner vous-même, et dont toutes les autres n'étaient que la figure. Oui, grand Dieu, nous osons vous le dire, il y a ici plus que tous les sacrifices d'Abel, d'Abraham et de Melchisédech, la seule victime digne de votre autel, Notre-Seigneur Jésus-Christ votre Fils, l'unique objet de vos éternelles complaisances.

Que tous ceux qui participent ici de la bouche ou du cœur à cette Victime sacrée, soient remplis de sa bénédiction.

MÉMOIRE DES MORTS.

Que cette bénédiction se répande, ô mon Dieu, sur les âmes des fidèles qui sont morts dans la paix de l'Église, et particulièrement sur l'âme de N^{***} et de N^{***}. Accordez-leur, Seigneur, en vertu de ce sacrifice, la délivrance entière de leurs peines.

Daignez nous accorder aussi un jour cette grâce à nous-mêmes, Père infiniment bon, et faites-nous entrer en société avec les saints Apôtres, les saints martyrs, et tous les Saints, afin que nous puissions vous aimer et vous glorifier éternellement avec eux. Ainsi soit-il.

PATER NOSTER.

Nous voici avec Jésus sur un nouveau Calvaire. Tenons-nous au pied de sa croix avec une tendre compassion, comme Madeleine; avec un amour fidèle, comme saint Jean; avec l'espérance de le voir un jour dans sa gloire, comme les autres disciples. Regardons-le quelquefois de loin, et pleurons nos péchés avec saint Pierre.

Que je suis heureux, ô mon Dieu, de vous avoir pour Père! Que j'ai de joie de songer que le ciel où vous êtes doit être un jour ma demeure! Que votre saint nom soit glorifié par toute la terre. Régnez absolument sur tous les cœurs et sur toutes les volontés. Ne refusez pas à vos enfants la nourriture spirituelle et corporelle. Nous pardonnons de bon cœur; pardonnez-nous, soutenez-nous dans les tentations et dans les maux de cette misérable vie; mais préservez-nous du péché, le plus grand de tous les maux. Ainsi soit-il.

AGNUS DEI.

Dieu, qui est si glorieux dans le ciel, si puissant sur la terre, si terrible dans les enfers, n'est ici qu'un agneau plein de douceur et de bonté. Il y vient pour effacer les péchés du monde, et particulièrement les vôtres. Quel motif de confiance! quel sujet de consolation!

Agneau de Dieu, immolé pour moi, ayez pitié de moi. Victime adorable de mon salut, sauvez-moi. Divin Médiateur, obtenez-moi ma grâce auprès de votre Père, donnez-moi votre paix.

COMMUNION.

Pour communier spirituellement, renouvelez par un

acte de foi le sentiment que vous avez de la présence de Jésus-Christ; formez un acte de contrition, excitez dans votre cœur un désir ardent de le recevoir avec le Prêtre ; priez-le qu'il **agrée** ce désir, et qu'il s'unisse à vous en vous communiquant ses grâces.

Qu'il me serait doux, ô mon aimable Sauveur, d'être du nombre de ces heureux chrétiens à qui la pureté de conscience et une tendre piété permettent d'approcher tous les jours de votre sainte table !

Quel avantage pour moi, si je pouvais en ce moment vous posséder dans mon cœur, vous y rendre mes hommages, vous y exposer mes besoins, et participer aux grâces que vous faites à ceux qui vous reçoivent réellement! Mais puisque j'en suis très-indigne, suppléez, ô mon Dieu, à l'indisposition de mon âme. Pardonnez-moi tous mes péchés, je les déteste de tout mon cœur, parce qu'ils vous déplaisent. Recevez le désir sincère que j'ai de m'unir à vous. Purifiez-moi d'un seul de vos regards, et mettez-moi en état de vous bien recevoir au plus tôt.

En attendant cet heureux jour, je vous conjure, Seigneur, de me faire participer aux fruits que la communion du Prêtre doit produire en tout le peuple fidèle qui est présent à ce sacrifice. Augmentez ma foi par la vertu de ce divin sacrement, fortifiez mon espérance, épurez en moi la charité, remplissez mon cœur de votre amour, afin qu'il ne respire plus que pour vous, et qu'il ne vive plus que pour vous. Ainsi soit-il.

DERNIÈRES ORAISONS.

Efforcez-vous de rendre au Sauveur sacrifice pour sacrifice, en devenant la victime de son amour, en lui immolant toutes les recherches de l'amour-propre, toutes les attentions du respect humain, toutes les répugnances et toutes les inclinations qui ne s'accordent pas avec l'accomplissement de vos devoirs.

Vous venez, ô mon Dieu, de vous immoler pour mon salut, je veux me sacrifier pour votre gloire. Je suis votre victime, ne m'épargnez point. J'accepte de bon cœur toutes les croix qu'il vous plaira de m'envoyer, je les bénis, je les reçois de votre main, et je les unis à la vôtre.

Me voici purifié par vos saints mystères; je fuirai avec horreur les moindres taches du péché, surtout de celui où mon penchant m'entraîne avec plus de violence. Je serai fidèle à votre loi, et je suis résolu de tout perdre et de tout souffrir, plutôt que de la violer.

BÉNÉDICTION.

Bénissez, ô mon Dieu, ces saintes résolutions; bénissez-nous tous par la main de votre ministre, et que les effets de votre bénédiction demeurent éternellement sur nous. Au nom du Père, et du Fils, et du Saint-Esprit. Ainsi soit-il.

DERNIER ÉVANGILE.

Verbe divin, Fils unique du Père, lumière du monde venue du ciel pour nous en montrer le chemin, ne permettez pas que je ressemble à ce peuple infidèle qui a refusé de vous reconnaître pour le Messie. Ne souffrez pas que je tombe dans le même aveuglement que ces malheureux, qui ont mieux aimé devenir esclaves de Satan , que d'avoir part à la glorieuse adoption d'enfants de Dieu, que vous veniez leur procurer.

Verbe fait chair, je vous adore avec le respect le plus profond; je mets toute ma confiance en vous seul, espérant fermement que , puisque vous êtes mon Dieu, et un Dieu qui s'est fait homme afin de sauver les hommes, vous m'accorderez les grâces nécessaires pour me sanctifier et vous posséder éternellement dans le ciel. Ainsi soit-il.

Ne sortez point de l'église sans avoir témoigné votre reconnaissance pour toutes les grâces que Dieu vous a faites dans ce sacrifice. Conservez-en précieusement le fruit , et faites qu'on demeure convaincu, en vous voyant, que vous avez profité de la mort et de l'immolation d'un Dieu sauveur.

APRÈS LA SAINTE MESSE.

Seigneur, je vous remercie de la grâce que vous m'avez faite, en me permettant d'assister aujourd'hui au sacrifice de la sainte Messe, préférablement à tant d'autres, qui n'ont pas eu le même bonheur; et je vous demande pardon de toutes les fautes que j'ai commises par la dissipation et la langueur où je me suis laissé aller en votre présence. Que ce sacrifice, ô mon Dieu, me purifie pour le passsé et me fortifie pour l'avenir.

Je vais présentement avec confiance aux occupations où votre volonté m'appelle. Je me souviendrai toute cette journée de la grâce que vous venez de me faire, et je tâcherai de ne laisser échapper aucune parole, aucune action, de ne former aucun désir ni aucune pensée qui me fassent perdre le fruit de la Messe que je viens d'entendre. C'est ce que je me propose, avec le secours de votre sainte grâce. Ainsi soit-il.

VÊPRES
DU DIMANCHE.

℣. Deus, in adjutorium meum intende.

℟. Domine, ad adjuvandum me festina.

Gloria Patri, et Filio, et Spiritui Sancto;

Sicut erat in principio, et nunc, et semper, et in sæcula sæculorum. Amen.

℣. O Dieu ! venez à mon aide !

℟. Seigneur, hâtez-vous de me secourir.

Gloire au Père, et au Fils, et au Saint-Esprit ;

Comme elle était au commencement, et maintenant, et toujours, et dans les siècles des siècles.

Ainsi soit-il.

PSAUME 109.

Dixit Dominus Domino meo : * Sede a dextris meis.

Donec ponam inimicos tuos * scabellum pedum tuorum.

Virgam virtutis tuæ emittet Dominus ex Sion ; * dominare in medio inimicorum tuorum.

Tecum principium in die virtutis tuæ, in splen-

Le Seigneur a dit à mon Seigneur : Asseyez-vous à ma droite.

Jusqu'à ce que j'aie réduit vos ennemis à vous servir de marchepied.

Le Seigneur fera sortir de Sion le sceptre de votre puissance ; établissez votre empire au milieu de vos ennemis.

Au jour de votre force, votre gloire éclatera parmi

doribus Sanctorum ; * ex utero ante luciferum genui te.

Juravit Dominus, et non pœnitebit eum : * tu es Sacerdos in æternum, secundum ordinem Melchisedech.

Dominus a dextris tuis ; * confregit in die iræ suæ reges.

Judicabit in nationibus, implebit ruinas, * conquassabit capita in terra multorum.

De torrente in via bibet ; * propterea exaltabit caput.

Gloria Patri, etc.

Ant. Dixit Dominus Domino meo : Sede a dextris meis.

les splendeurs de vos Saints : vous que j'ai engendré de mon sein avant l'aurore du monde.

Le Très-Haut l'a juré, il ne révoquera point son serment : vous êtes le Prêtre éternel, selon l'ordre de Melchisédech.

Le Seigneur est à votre droite : il brisera les rois au jour de sa colère.

Il jugera les nations ; il multipliera les ruines, il écrasera contre terre une foule de têtes.

Il boira, dans le chemin, de l'eau du torrent ; voilà pourquoi son front touchera les cieux.

Gloire au Père, etc.

Ant. Le Seigneur a dit à mon Seigneur : Asseyez-vous à ma droite.

PSAUME 110.

Confitebor tibi, Domine, in toto corde meo ; * in concilio justorum et congregatione.

Magna opera Domini ; * exquisita in omnes voluntates ejus.

Je vous louerai, Seigneur, de toute mon âme ; je vous louerai dans l'intimité des justes et dans leurs assemblées.

Les œuvres du Seigneur sont grandes ; elles sont merveilleusement ordonnées selon ses desseins.

Confessio et magnificentia opus ejus, * et justitia ejus manet in sæculum sæculi.

Memoriam fecit mirabilium suorum misericors et miserator Dominus : * escam dedit timentibus se.

Memor erit in sæculum testamenti sui ; * virtutem operum suorum annuntiabit populo suo.

Ut det illis hæreditatem gentium : * opera manuum ejus, veritas et judicium.

Fidelia omnia mandata ejus, confirmata in sæculum sæculi, * facta in veritate et æquitate.

Redemptionem misit populo suo ; * mandavit in æternum testamentum suum.

Sanctum et terribile nomen ejus ; * initium sapientiæ timor Domini.

Intellectus bonus omnibus facientibus eum ; * laudatio ejus manet

La magnificence et la gloire, voilà ses œuvres ; sa justice règnera dans l'éternité.

Miséricordieux et bon comme il l'est, le Seigneur nous a laissé un souvenir de ses prodiges : il a donné une nourriture à ceux qui le craignent.

Il se souviendra toujours de son alliance ; il manifestera sa force à son peuple.

Il lui donnera l'héritage des nations ; les œuvres de ses mains sont justice et vérité.

Toutes ses lois sont fidèles, elles subsisteront dans les siècles des siècles ; elles reposent sur la justice et la vérité.

Il a suscité un Rédempteur à son peuple : il lui a juré son alliance à jamais.

Son nom est saint, il est terrible ; la crainte du Seigneur est le commencement de la sagesse.

La véritable intelligence appartient à ceux qui le craignent ; sa louange sub-

in sæculum sæculi.

sistera dans les siècles éternels.

Gloria Patri, etc.

Gloire au Père, etc.

Ant. Fidelia omnia mandata ejus, confirmata in sæculum sæculi.

Ant. Toutes ses lois sont fidèles; elles subsisteront dans les siècles des siècles.

PSAUME 111.

BEATUS vir qui timet Dominum, * in mandatis ejus volet nimis.

HEUREUX l'homme qui craint le Seigneur et qui brûle d'accomplir sa loi.

Potens in terra erit semen ejus; * generatio rectorum benedicetur.

La race du juste sera puissante sur la terre; sa postérité sera bénie.

Gloria et divitiæ in domo ejus; * et justitia ejus manet in sæculum sæculi.

La gloire et les richesses résideront dans sa maison, et sa justice subsistera dans tous les siècles.

Exortum est in tenebris lumen rectis ; * misericors, et miserator, et justus.

Du milieu des ténèbres, une lumière s'est levée pour les cœurs droits : c'est le soleil de justice, de miséricorde et de bonté.

Jucundus homo, qui miseretur et commodat, disponet sermones suos in judicio ; * quia in æternum non commovebitur.

Agréable est à Dieu l'homme qui aime et secourt ses frères, et qui règle ses paroles sur l'équité; il ne sera jamais troublé dans sa paix.

In memoria æterna erit justus ; * ab auditione mala non timebit.

La mémoire du juste sera éternelle : la calomnie ne l'ébranlera point.

Paratum cor ejus sperare in Domino; confir-

Son cœur est prêt, il espère dans le Seigneur; son

matum est cor ejus : * non commovebitur, donec despiciat inimicos suos.

cœur est ferme, il ne chancellera point ; il ne se troublera pas jusqu'à ce qu'il ait vu l'abaissement de ses ennemis.

Dispersit, dedit pauperibus ; justitia ejus manet in sæculum sæculi ; * cornu exaltabitur in gloria.

Il a prodigué ses biens aux pauvres : sa charité vivra dans les siècles, et sa force sera couronnée de gloire.

Peccator videbit, et irascetur ; dentibus suis fremet, et tabescet : * desiderium peccatorum peribit.

L'impie le verra et frémira ; il grincera des dents, il séchera de rage ; mais le désir de l'impie périra.

Gloria Patri, etc.

Gloire au Père, etc.

Ant. Qui timet Dominum, in mandatis ejus cupit nimis.

Ant. Celui qui craint le Seigneur, brûle d'accomplir sa loi.

PSAUME 112.

LAUDATE, pueri, Dominum ; * laudate nomen Domini.

SERVITEURS de Dieu, louez-le ; célébrez la sainteté de son nom.

Sit nomen Domini benedictum, * ex hoc nunc, et usque in sæculum.

Béni soit le nom du Seigneur, aujourd'hui et dans tous les siècles !

A solis ortu usque ad occasum, * laudabile nomen Domini.

Que de l'orient jusqu'au couchant, le nom du Seigneur soit glorifié.

Excelsus super omnes gentes Dominus, * et super cœlos gloria ejus.

Le Seigneur domine sur toutes les nations ; sa majesté est au-dessus des cieux.

Quis sicut Dominus Deus noster, qui in altis habitat, * et humilia respicit in cœlo et in terra?

Qui est semblable au Seigneur notre Dieu? il habite les hauteurs éternelles, et de là il abaisse ses regards vers ce qu'il y a de plus humble dans le ciel et sur la terre.

Suscitans a terra inopem, * et de stercore erigens pauperem.

Il arrache le faible à son néant, il relève le pauvre de son fumier;

Ut collocet eum cum principibus, * cum principibus populi sui.

Pour le faire asseoir en prince parmi les princes de son peuple.

Qui habitare facit sterilem in domo, * matrem filiorum lætantem.

Il rend féconde l'épouse stérile; il l'environne de fils qui deviennent la joie de leur mère.

Gloria Patri, etc.

Gloire au Père, etc.

Ant. Sit nomen Domini benedictum in sæcula.

Ant. Béni soit le nom du Seigneur dans l'éternité!

PSAUME 113.

In exitu Israel de Ægypto, * domus Jacob de populo barbaro :

Lorsque Israël sortit de l'Égypte, et la famille de Jacob du milieu d'un peuple barbare,

Facta est Judæa sanctificatio ejus, * Israel potestas ejus.

Juda devint le peuple saint du Seigneur, et Israël fut le témoignage de sa puissance.

Mare vidit et fugit; * Jordanis conversus est retrorsum.

La mer vit le Seigneur et s'enfuit... Le Jourdain remonta vers sa source.

Montes exultaverunt

Les montagnes bondis-

ut arietes, * et colles sicut agni ovium.

saient comme les béliers, et les collines comme les agneaux.

Quid est tibi, mare, quod fugisti ? * et tu, Jordanis, quia conversus es retrorsum ?

Qu'avais-tu, mer, et pourquoi fuyais-tu ? et toi, Jourdain, pourquoi remonter vers ta source ?

Montes, exultastis sicut arietes ? * et colles, sicut agni ovium ?

Montagnes, pourquoi bondir comme des béliers ? et vous, collines, comme des agneaux ?

A facie Domini mota est terra, * a facie Dei Jacob.

Ah ! c'est que la terre s'était émue à la présence du Seigneur, à la face du Dieu de Jacob ;

Qui convertit petram in stagna aquarum, * et rupem in fontes aquarum.

Du Dieu qui changea la pierre en torrents, et la roche en source d'eaux vives.

Non nobis, Domine, non nobis, * sed nomini tuo da gloriam super misericordia tua et veritate tua ;

Non pas à nous, Seigneur, non pas à nous la gloire de tant de merveilles.

Nequando dicant gentes : * Ubi est Deus eorum ?

Donnez-la toute entière à votre nom, à votre miséricorde, à la fidélité de vos promesses, et que les nations ne viennent pas nous dire : Où donc est le Dieu de ces gens-là ?

Deus autem noster in cœlo ; * omnia quæcumque voluit fecit.

Notre Dieu, il est dans le ciel ; tout ce qu'il a voulu, il l'a fait.

Simulacra gentium

Les idoles des nations ne

argentum et aurum, * opera manuum hominum.

sont que de l'or et de l'argent, ouvrage de la main des hommes.

Os habent, et non loquentur ; * oculos habent, et non videbunt.

Elles ont une bouche, et ne parlent point ; des yeux, et ne sauraient voir.

Aures habent, et non audient ; * nares habent, et non odorabunt.

Elles ont des oreilles, et n'entendent pas ; des narines, et ne sentent rien.

Manus habent, et non palpabunt ; pedes habent, et non ambulabunt ; * non clamabunt in gutture suo.

Elles ont des mains, et ne touchent point ; des pieds, et elles ne marchent pas : leur gosier n'a pas de voix.

Similes illis fiant qui faciunt ea, * et omnes qui confidunt in eis.

Qu'ils deviennent semblables à leurs idoles, les insensés qui les ont faites et tous ceux qui se confient en elles !

Domus Israel speravit in Domino ; *adjutor eorum et protector eorum est.

La maison d'Israël espère dans le Seigneur ; aussi sera-t-il son libérateur et son bouclier.

Domus Aaron speravit in Domino ; * adjutor eorum et protector eorum est.

La maison d'Aaron espère dans le Seigneur; aussi sera-t-il son libérateur et son bouclier.

Qui timent Dominum speraverunt in Domino;* adjutor eorum et protector eorum est.

Tous ceux qui craignent le Seigneur mettent en lui leur espérance ; aussi sera-t-il leur libérateur et leur bouclier.

Dominus memor fuit nostri, * et benedixit nobis.

Le Seigneur s'est souvenu de nous, et il nous a bénis.

Benedixit domui Israel, * benedixit domui Aaron.

Benedixit omnibus qui timent Dominum, * pusillis cum majoribus.

Adjiciat Dominus super vos, * super vos et super filios vestros.

Benedicti vos a Domino, * qui fecit cœlum et terram.

Cœlum cœli Domino;* terram autem dedit filiis hominum.

Non mortui laudabunt te, Domine; * neque omnes qui descendunt in infernum.

Sed nos qui vivimus, benedicimus Domino, * ex hoc nunc, et usque in sæculum.

Gloria Patri, etc.

Ant. Nos qui vivimus, benedicimus Domino.

Il a béni la maison d'Israël ; il a béni la maison d'Aaron.

Il a béni tous ceux qui le craignent, les plus petits et les plus grands.

Que le Seigneur fasse descendre sur vous de nouveaux bienfaits, sur vous et sur vos enfants.

Soyez tous bénis du Seigneur, qui a fait le ciel et la terre !

Les cieux des cieux appartiennent au Seigneur ; il a donné la terre aux enfants des hommes.

Ce ne sont pas, Seigneur, les morts qui vous loueront, ni ceux qui descendent dans le sépulcre.

Mais nous qui vivons, nous bénissons le Seigneur, aujourd'hui et à jamais.

Gloire au Père, etc.

Ant. Nous qui vivons, bénissons le Seigneur.

CAPITULUM.

Dominus dirigat corda et corpora nostra in charitate Dei et patientia Christi.

℟. Deo gratias.

Que le Seigneur dirige nos cœurs et nos corps dans la charité de Dieu et la patience de Jésus-Christ.

℟. Rendons grâces à Dieu.

HYMNE.

Lucis Creator optime,

Lucem dierum profe- / rens,

Primordiis lucis novæ

Mundi parans originem.

Qui mane junctum ve- / speri

Diem vocari præcipis ;

Tetrum chaos illabitur,

Audi preces cum fleti- / bus.

Ne mens gravata crimine

Vitæ sit exul munere,

Dum nil perenne cogi- / tat,

Seseque culpis illigat.

Cœlorum pulset inti- / mum,

Vitale tollat præmium.

Vitemus omne noxium,

Purgemus omne pessi- / mum.

DIEU de bonté qui créas la lumière

Et qui des jours allumas le flambeau,

Tu préludais, par cette œuvre première,

A la grandeur d'un moude utile et beau.

Qu'est-ce qu'un jour ? Fugitive durée ;

Matin et soir, courts espaces tous deux !

Voici déjà sous la voûte azurée

L'ombre qui vient... Daigne écouter nos vœux.

Oh ! que notre âme, aux plaisirs enlacée,

Aveugle et folle en ses goûts incertains,

N'aille pas suivre une ignoble pensée,

Et pour la fange oublier ses destins !

Que de son corps, blanche et pure elle sorte,

Et qu'ayant fui les piéges décevants,

Des cieux gagnés elle s'ouvre la porte,

Pour y saisir la palme des vivants.

Præsta, Pater piissime,

Patrique compar unice,

Cum Spiritu Paraclito

Regnans per omne sæculum. Amen.

℣. Dirigatur, Domine, oratio mea,

℟. Sicut incensum in conspectu tuo.

Accordez-lui cette faveur insigne,

Père clément, Fils unique et divin;

Et vous, Esprit, de l'un et l'autre digne,

Qui régnerez dans les siècles sans fin.

℣. Seigneur, que ma prière s'élève,

℟. Comme l'encens en votre présence.

CANTIQUE DE LA SAINTE VIERGE.

Magnificat * anima mea Dominum.

Et exultavit spiritus meus * in Deo salutari meo.

Quia respexit humilitatem ancillæ suæ : * ecce enim ex hoc beatam me dicent omnes generationes.

Quia fecit mihi magna qui potens est, * et sanctum nomen ejus.

Et misericordia ejus a progenie in progenies, * timentibus eum.

Fecit potentiam in brachio suo; * dispersit

Mon âme glorifie le Seigneur.

Et mon esprit a tressailli d'allégresse dans le Dieu mon salut.

Parce qu'il a jeté les yeux sur l'humilité de sa servante; et voici que désormais toutes les générations me proclament bienheureuse;

Car il a fait pour moi de grandes choses, Celui qui est puissant, et son nom est saint.

Sa miséricorde s'étend, de génération en génération, sur ceux qui le craignent.

Il a déployé la force de son bras; il a dissipé les

superbos mente cordis sui.

Deposuit potentes de sede,*et exaltavit humiles.

Esurientes implevit bonis, * et divites dimisit inanes.

Suscepit Israel puerum suum, * recordatus misericordiæ suæ.

Sicut locutus est ad patres nostros, * Abraham et semini ejus in sæcula.

Gloria Patri, etc.

Ant. Deficiente vino, jussit Jesus impleri hydrias aqua, quæ in vinum conversa est. Alleluia.

℣. Dominus vobiscum.

℟. Et cum spiritu tuo.

OREMUS.

Omnipotens sempiterne Deus, qui cœlestia simul et terrena moderaris, supplicationes populi tui clementer exaudi, et pacem tuam nostris concede temporibus. Per Dominum

orgueilleux dans les pensées de leur cœur.

Il a renversé les puissants de leurs trônes, et il a élevé les humbles.

Il a rempli de biens ceux qui avaient faim ; et il a renvoyé les riches les mains vides.

Se souvenant de sa miséricorde, il a pris dans ses bras Israël, son serviteur.

Ainsi l'avait - il promis à nos pères, à Abraham, et à sa postérité dans tous les âges.

Gloire au Père, etc.

Ant. Le vin étant venu à manquer, Jésus ordonna d'emplir d'eau les amphores, et cette eau fut changée en vin. Louange à Dieu.

℣. Le Seigneur soit avec vous.

℟. Et avec votre esprit.

PRIONS.

Dieu tout - puissant et éternel, qui réglez en même temps vos créatures au ciel et sur la terre, écoutez avec bonté les supplications de votre peuple, et accordez votre paix au temps que nous avons à traverser. Par

nostrum Jesum Chri- Jésus - Christ notre Sei-
stum. gneur.

MÉMOIRE DE LA SAINTE VIERGE.

Ant. Regali ex pro- *Ant.* Marie est sortie
genie Maria exorta re- comme un rejeton brillant
fulget; cujus precibus d'une souche royale; nous
nos adjuvari, mente et la supplions avec dévotion
spiritu devotissime po- de cœur et d'âme de nous
scimus. aider de ses prières.

℣. Ora pro nobis, ℣ Priez pour nous,
sancta Dei genitrix. sainte mère de Dieu.

℟. Ut digni efficiamur ℟. Afin que nous deve-
promissionibus Christi. nions dignes des promesses
  de Jésus-Christ.

OREMUS.   PRIONS.

Protege, Domine, Prenez, Seigneur, vos
famulos tuos subsidiis serviteurs sous votre divine
pacis, et Beatæ Mariæ protection; faites-leur goû-
semper virginis patroci- ter les fruits d'une véritable
niis confidentes a cunctis paix, et daignez les garan-
hostibus redde securos. tir de toutes sortes d'enne-
Per Dominum nostrum mis, puisqu'ils ont mis leur
Jesum Christum. confiance dans la protection
  de la Bienheureuse Marie,
  toujours vierge. Par Jésus-
  Christ notre Seigneur.

℣. Dominus vobis- ℣. Le Seigneur soit avec
cum. vous.

℟. Et cum spiritu tuo. ℟. Et avec votre esprit.

℣. Benedicamus Do- ℣. Bénissons le Seigneur.
mino.

℟. Deo gratias. ℟. Rendons grâces à
  Dieu.

OFFICE

DE

LA SAINTE VIERGE

SELON LE RIT DOMINICAIN.

Si le prophète royal chantait sept fois le jour les louanges du Seigneur, il faudrait que tous les chrétiens fussent animés d'un pareil zèle, et qu'ils employassent les mêmes heures à louer le Très-Haut. Mais comme il serait assez difficile aux Fidèles, à cause des nécessités de la vie, de réciter tous les jours l'office divin, on les exhorte du moins à dire l'Office de la sainte Vierge; et, afin de le faire avec fruit, ils pourront considérer, en le récitant, la gloire que cette reine des anges possède dans le ciel, la charité que cette mère des hommes éprouve pour ceux qui la prient avec dévotion, et le besoin que nous avons tous, auprès de Dieu, de l'intercession de cette puissante médiatrice.

AVIS. — Pour rendre plus facile la récitation de l'Office en commun, nous avons adopté les signes suivants :
† indique les versets que doit dire celui qui préside.
V indique ceux que doit dire le versiculaire.
C indique ce que doit entonner le Chantre.
L indique ce que doit dire le Lecteur.

OFFICE

DE NOTRE BIENHEUREUX PÈRE

SAINT DOMINIQUE.

—·≫·—

A MATINES.

℣. Jesu bone, prece Dominici,

℟. Tibi præsta nos gratos effici.

℣. Domine, labia mea aperies.

℟. Et os meum annuntiabit laudem tuam.

℣. Deus, in adjutorium meum intende.

℟. Domine, ad adjuvandum me festina.

Gloria Patri, etc.

Alleluia, *ou* Laus tibi, Domine, Rex æternæ gloriæ.

℣. Doux Jésus, que la prière de Dominique,

℟. Nous fasse trouver grâce devant vous.

℣. Seigneur, ouvrez mes lèvres.

℟. Et ma bouche annoncera vos louanges.

℣. O Dieu, venez à mon aide.

℟. Seigneur, hâtez-vous de me secourir.

Gloire au Père, etc.

Louez le Seigneur, *ou* Louange à vous, Seigneur, Roi de gloire éternelle.

INVITATOIRE.

Laudemus Deum nostrum * in commemoratione sancti Dominici.

Venite, exultemus Domino; jubilemus Deo sa-

Louons notre Dieu en mémoire de saint Dominique.

Venez, réjouissons-nous devant le Seigneur; écla-

lutari nostro; præoccupemus faciem ejus in confessione, et in psalmis jubilemus ei.

tons d'allégresse en présence du Dieu de notre salut; devançons sa présence par des louanges; poussons des cris de joie dans nos cantiques.

Laudemus Deum nostrum * in commemoratione sancti Dominici.

Louons notre Dieu, en mémoire de saint Dominique.

Gloria Patri, et Filio, et Spiritui Sancto ;

Gloire au Père, et au Fils, et au Saint-Esprit ;

Sicut erat in principio, et nunc et semper, et in sæcula sæculorum. Amen.

Comme elle était au commencement, qu'elle soit aujourd'hui et toujours, et dans les siècles des siècles. Ainsi soit-il.

In commemoratione sancti Dominici.

En mémoire de saint Dominique.

Laudemus Deum nostrum * in commemoratione sancti Dominici.

Louons notre Dieu, * en mémoire de saint Dominique.

HYMNE.

Novus athleta Domini,
Collaudetur Dominicus :

Loué, loué soit Dominique,
Le nouveau soldat du Seigneur;

Qui rem conformat nomini,
Vir factus evangelicus.

L'homme vraiment évangélique,
Par le nom comme par le cœur !

Conservans sine macula
Virginitatis lilium :
Ardebat, quasi facula,

Il a su garder sans atteinte

La blancheur du lis virginal;
Il brûlait d'une flamme sainte

Pro zelo pereuntium.

Pour ceux que dévorait le mal.

Trino Deo et simplici

Au Dieu triple et pourtant unique

Laus, honor, virtus, gloria :

Gloire, force, louange, honneur !

Qui nos prece Dominici,

Que, prié par saint Dominique,

Ducat ad cœli gaudia.

Là - haut il nous mène au bonheur !

Amen.

Ainsi soit-il.

PSAUME 1.

BEATUS vir qui non abiit in consilio impiorum, et in via peccatorum non stetit, * et in cathedra pestilentiæ non sedit.

HEUREUX l'homme qui ne s'est pas laissé aller aux conseils de l'impie, ne s'est point arrêté dans la voie du pécheur, ne s'est point assis dans la chaire de corruption ;

Sed in lege Domini voluntas ejus; * et in lege ejus meditabitur die ac nocte.

Mais qui met sa volonté dans la loi du Seigneur et qui la médite jour et nuit.

Et erit tamquam lignum, quod plantatum est secus decursus aquarum, * quod fructum suum dabit in tempore suo.

Il est semblable à l'arbre planté près des eaux vives, et qui donne ses fruits en son temps.

Et folium ejus non defluet; * et omnia quæcumque faciet, prosperabuntur.

Les feuilles de cet arbre ne tomberont pas ; toutes les actions du juste seront bénies.

Non sic impii, non sic : * sed tamquam pulvis quem projicit ventus a facie terræ.

Ideo non resurgent impii in judicio; * neque peccatores in concilio justorum.

Quoniam novit Dominus viam justorum : * et iter impiorum peribit.

Gloria Patri, etc.

Ant. Florem pudicitiæ servans illibatum, attigit eximiæ vitæ cœlibatum.

℣. Justum deduxit Dominus per vias rectas.

℟. Et ostendit illi regnum Dei.

Pater noster, etc.

℣. Et ne nos inducas in tentationem.

℟. Sed libera nos a malo.

℣. Jube, domne, benedicere.

Bened. Oret piis precibus pro nobis Beatus Pater Dominicus.

Amen.

Non pas ainsi pour l'impie, non pas ainsi ! il sera comme la poussière qu'emporte un vent d'orage.

Il ne se lèvera point glorieux au jour du jugement; et l'impie sera retranché de l'assemblée des justes.

Car le Seigneur aime la voie des justes, mais celle de l'impie le perdra.

Gloire au Père, etc.

Ant. Conservant sans tache la fleur de la chasteté, il atteignit à la pureté d'une vie privilégiée.

℣. Le Seigneur a conduit le juste par des voies sans détours.

℟. Et il lui a montré le royaume de Dieu.

Notre Père, etc.

℣. Et ne nous laissez pas succomber à la tentation.

℟. Mais délivrez-nous du mal.

℣. Ordonnez-moi, Seigneur, de prononcer les paroles de bénédiction.

Bénéd. Que notre Bienheureux Père Dominique fasse pour nous de ferventes prières.

Ainsi soit-il.

LEÇON I.

PIE Pater Dominice, dux et pater noster inclyte, noli opus tuum despicere ; sed exaudi nos in die qua invocaverimus te ; qui polles pietate, erue nos ab hostium visibilium et invisibilium potestate. Tu autem, Domine, miserere nostri.

℟. Deo gratias.

℟. Felix vitis, de cujus surculo tantum germen redundat sæculo, * Cœli vinum propinans populo, vitali poculo.

℣. Ex ubertate palmitum, * mundi jam cinxit ambitum. * Cœli vinum propinans populo, vitali poculo.

℣. Jube, domne, benedicere.

Bened. In omni tribulatione et angustia subveniat nobis pius Pater Dominicus.

℟. Amen.

MISÉRICORDIEUX Père Dominique, vous, notre père et notre illustre chef, ne dédaignez pas votre ouvrage ; mais exaucez-nous au jour où nous vous invoquons ; vous qui êtes puissant par votre vertu, arrachez-nous de la domination de nos ennemis visibles et invisibles. Mais vous, Seigneur, ayez pitié de nous.

℟. Rendons grâces à Dieu.

℟. Heureuse vigne, dont les rejetons ont enrichi le monde d'une telle semence. * Son vin céleste a désaltéré le peuple dans la coupe de vie.

℣. Elle a comme enlacé le monde dans la fertilité de ses rameaux. * Son vin céleste a désaltéré le peuple dans la coupe de vie.

℣. Ordonnez-moi, Seigneur, de prononcer les paroles de bénédiction.

Bénéd. Que notre doux Père Dominique nous vienne en aide dans toutes nos tribulations et nos détresses.

℟. Ainsi soit-il.

LEÇON II.

O SANCTE Pater Dominice, surge, et Salvatoris amplectere vestigia : placa nos Christo tuis sanctis ac piis suffragiis, quos offendisse cernis oculos Conditoris : et impetra nobis veniam peccatorum, animarum requiem et gaudia cœlorum. Tu autem, Domine, miserere nostri.

℟. Deo gratias.

℟. Ascendenti de valle lubrici mundi, chori plaudunt angelici. * Jesu bone, prece Dominici tibi præsta nos gratos effici.

℣. Per quem multos a morte suscitas, pœnas nobis relaxa debitas. * Jesu bone, prece Dominici tibi præsta nos gratos effici.

℟. Jube, domne, benedicere.

Bened. Ad societatem

O SAINT Père Dominique, levez-vous, et attachez-vous avec amour aux traces du Sauveur! Réconciliez-nous avec le Christ par vos saintes et tendres prières, nous que vous voyez si coupables aux yeux du Créateur; obtenez-nous le pardon de nos fautes, le repos de nos âmes et les joies du ciel. Mais vous, Seigneur, ayez pitié de nous.

℟. Rendons grâces à Dieu.

℟. Les chœurs des anges applaudissent à celui qui s'élève de la vallée de ce monde dangereux. * Doux Jésus, que la prière de Dominique nous fasse trouver grâce devant vous.

℣. Vous qui par lui en avez arraché un grand nombre à la mort, remettez-nous les peines qui nous sont dues. * Doux Jésus, que la prière de Dominique nous fasse trouver grâce devant vous.

℟. Ordonnez-moi, Seigneur, de prononcer les paroles de bénédiction.

Bénéd. Que le chef et le

civium supernorum perducat nos dux et pater Prædicatorum.

℞. Amen.

père des Frères Prêcheurs nous introduise dans la société des citoyens célestes.

℞. Ainsi soit-il.

LEÇON III.

O DULCISSIME Pater sancte Dominice, sit tibi compassio super afflictos, sit tibi compassio super pauperes cœlorum peregrinos et exules : ne despicias humilitatis nostræ preces, sed libera nos a periculis cunctis, tuisque sanctis precibus transfer ad regnum securitatis et pacis. Tu autem, Domine, miserere nostri.

℞. Deo gratias.

℞. O spem miram quam dedisti mortis hora te flentibus, dum post mortem promisisti, te profuturum Fratribus. * Imple, Pater, quod dixisti, nos tuis juvans precibus.

℣. Qui tot signis claruisti in ægrorum corporibus, nobis opem fe-

TRÈS-DOUX Père saint Dominique, ayez compassion des affligés, ayez compassion des pauvres voyageurs exilés qui s'acheminent vers les cieux ; ne dédaignez pas nos humbles supplications, mais délivrez-nous de tout péril, et, par vos saintes prières, transportez-nous dans le royaume de la sécurité et de la paix. Mais vous, Seigneur, ayez pitié de nous.

℞. Rendons grâces à Dieu.

℞. O merveilleux espoir donné par vous à ceux qui vous pleuraient à l'heure de votre mort, lorsque vous promîtes qu'après le trépas vous viendriez en aide à vos Frères. * Accomplissez, ô Père, ce que vous avez dit, en nous secourant par vos prières.

℣. Vous qui vous êtes illustré par tant de prodiges en faveur des malades, ap-

rens Christi, ægris medere moribus. * Imple, Pater, quod dixisti, nos tuis juvans precibus.

portez un remède à nos âmes souffrantes, en nous procurant la grâce de Jésus-Christ. * Accomplissez, ô Père, ce que vous avez dit en nous secourant par vos prières.

Gloria Patri, et Filio, et Spiritui Sancto. * Imple, Pater, quod dixisti, nos tuis juvans precibus.

Gloire au Père, et au Fils, et au Saint-Esprit. * Accomplissez, ô Père, ce que vous avez dit, en nous secourant par vos prières.

HYMNE DE SAINT AMBROISE ET DE SAINT AUGUSTIN.

Te Deum laudamus : * te Dominum confitemur.

Nous te louons, ô Dieu : notre âme
Te reconnaît pour le Seigneur.

Te æternum Patrem * omnis terra veneratur.

La terre entière te proclame
Arbitre et père et créateur.

Tibi omnes angeli ; * tibi cœli, et universæ potestates ;

Humble à tes pieds, l'ange ou l'archange,

Tibi Cherubim et Seraphim, * incessabili voce proclamant :

Le chérubin, le séraphin,
Intarissable en sa louange,
Module un cantique sans fin :

Sanctus, * Sanctus, Sanctus,

Saint, saint, saint, Dieu de la victoire !

Dominus * Deus Sabaoth ;

Tous tes vouloirs sont accomplis,

Pleni sunt cœli et terra * majestatis gloriæ tuæ.

De la majesté de ta gloire
La terre et les cieux sont remplis.

Te gloriosus * Apostolorum chorus,

Des Apôtres, des vieux Prophètes,

Te Prophetarum * laudabilis numerus,

Te Martyrum candidatus* laudat exercitus.

Te, per orbem terrarum, * sancta confitetur Ecclesia.

Patrem, * immensæ majestatis;

Venerandum tuum verum * et unicum Filium;

Sanctum quoque * Paraclitum Spiritum.

Tu Rex gloriæ, * Christe.

Tu Patris * sempiternus es Filius.

Tu, ad liberandum suscepturus hominem, * non horruisti Virginis uterum.

Tu, devicto mortis aculeo, * aperuisti credentibus regna cœlorum.

Les Chœurs pressés, harmonieux,
Confondent leurs hymnes de fête
Aux chants des Martyrs glorieux.
Et du couchant jusqu'à l'aurore,
Dans tout l'univers habité,
La sainte Église vous adore,
O bienheureuse Trinité!
Père, dont la grandeur immense
Du ciel surpasse la hauteur,
Fils, en qui siége la clémence,
Esprit, puissant consolateur!
O Christ, ô Roi d'éclat suprême,
Qui descends du trône éternel,
Pour revêtir notre chair même,
Et sauver l'homme criminel:
Trompant la mort et sa victoire,
Ton bras a su rompre nos fers;
Et désormais à qui veut croire,
Par toi les cieux se sont ouverts.

Tu ad dexteram Dei sedes, * in gloria Patris.

Judex crederis * esse venturus.

Te ergo quæsumus, famulis tuis subveni, * quos pretioso sanguine redemisti.

Æterna fac cum Sanctis tuis * in gloria numerari.

Salvum fac populum tuum, Domine, * et benedic hæreditati tuæ.

Et rege eos et extolle illos, * usque in æternum.

Per singulos dies * benedicimus te.

Et laudamus nomen tuum in sæculum, * et in sæculum sæculi.

Dignare, Domine, die isto, * sine peccato nos custodire.

Miserere nostri, Do-

Assis à la droite du Père,
Tu règnes couronné d'amour ;
Mais nous savons que sur la terre,
En juge, tu viendras un jour.

Entre tant d'âmes rachetées
Au prix de ton sang précieux,
Fais que les nôtres soient comptées
Parmi les habitants des cieux.

Sauvez le peuple qui vous aime ;
Bénissez-le, Dieu de bonté !
Guidez-le, portez-le vous-même
Jusqu'au sein de l'éternité.

A chaque instant de notre vie,
Nous nous plaisons à vous bénir,
Seigneur ! et notre âme ravie
Vous louera dans tout l'avenir.

Oh ! du péché, que votre garde
Nous tienne exempts pour aujourd'hui !

Pitié ! pitié ! le secours tarde :

mine ; * miserere nostri.

Nous n'avons foi qu'en votre appui.

Fiat misericordia tua, Domine, super nos, * quemadmodum speravimus in te.

Puisse, ô mon Dieu, votre clémence
Se déployer en plein sur nous,
Aussi vaste que l'espérance
Que nous osons asseoir en vous !

In te, Domine, speravi : * non confundar in æternum.

Toujours je vous pris pour refuge,
Seigneur, ami fidèle et prompt :
Je ne serai point par mon juge
Couvert d'un éternel affront.

℣. Ora pro nobis, Beate Pater Dominice.

℣. Priez pour nous, Bienheureux Dominique, notre Père.

℟. Ut digni efficiamur promissionibus Christi.

℟. Afin que nous devenions dignes des promesses de Jésus-Christ.

A LAUDES.

℣. Deus, in adjutorium meum intende.

℣. Mon Dieu, venez à mon aide.

℟. Domine, ad adjuvandum me festina.

℟. Seigneur, hâtez-vous de me secourir.

Gloria Patri, etc.

Gloire au Père, etc.

Alleluia, *ou* Laus tibi, Domine, Rex æternæ gloriæ.

Louez le Seigneur, *ou* Louange à vous, Seigneur, Roi de gloire éternelle.

PSAUME 2.

QUARE fremuerunt gentes, * et populi meditati sunt inania?

Astiterunt reges terræ, et principes convenerunt in unum * adversus Dominum et adversus Christum ejus.

Dirumpamus vincula eorum, * et projiciamus a nobis jugum ipsorum.

Qui habitat in cœlis, irridebit eos, * et Dominus subsannabit eos.

Tunc loquetur ad eos in ira sua, * et in furore suo conturbabit eos.

Ego autem constitutus sum rex ab eo super Sion montem sanctum ejus, * prædicans præceptum ejus.

Dominus dixit ad me : * Filius meus es tu, ego hodie genui te.

Postula a me, et dabo tibi gentes hæreditatem tuam, * et possessionem tuam terminos terræ.

Reges eos in virga ferrea, * et tanquam vas

POURQUOI les nations ont-elles frémi? Pourquoi les peuples ont-ils formé de vains complots?

Les rois de la terre se sont levés, les princes se sont ligués contre le Seigneur et contre son Christ; ils ont dit :

Rompons leurs chaînes, secouons leur joug.

Mais celui qui habite dans le ciel se rira d'eux : le Seigneur se moquera de leurs pensées.

Il les réprouvera dans sa colère, il les renversera dans sa fureur.

Moi, le Seigneur m'a établi roi sur Sion, sainte montagne, pour y annoncer sa loi.

Le Seigneur m'a dit : Tu es mon fils, je t'ai engendré aujourd'hui.

Demande, et je te donnerai les nations pour héritage, le monde pour empire.

Tu les gouverneras avec un sceptre de fer; tu les

figuli confringes eos.

Et nunc, reges, intelligite : * erudimini qui judicatis terram.

Servite Domino in timore, * et exultate ei cum tremore.

Apprehendit disciplinam, * nequando irascatur Dominus, et pereatis de via justa.

Quum exarserit in brevi ira ejus, * beati omnes qui confidunt in eo.

Gloria Patri, etc.

Ant. Pie Pater Dominice, tuorum memor operum, sta coram summo Judice, pro tuo cœtu pauperum.

briseras comme un vase d'argile.

Et maintenant, ô rois, comprenez; instruisez-vous, juges de la terre.

Servez le Seigneur dans la crainte, et réjouissez-vous en lui avec tremblement.

Embrassez sa loi, de peur que le Seigneur ne s'irrite, et que vous ne périssiez hors de la voie droite.

Bientôt, lorsque la colère du Seigneur s'allumera, heureux ceux qui auront mis en lui leur confiance.

Gloire au Père, etc.

Ant. Dominique, Père miséricordieux, souvenez-vous de votre ouvrage; tenez-vous suppliant devant le Juge suprême en faveur de la société de vos pauvres serviteurs.

CAPITULE. *Eccli.* 50. 6.

QUASI stella matutina in media nebulæ, et quasi luna plena in diebus suis : et quasi sol refulgens, sic iste effulsit in templo Dei.

℞. Deo gratias.

COMME l'étoile du matin au sein de l'obscurité, comme le disque de la lune en sa splendeur, il a brillé dans ses jours; et comme un soleil resplendissant, il a lui dans le temple de Dieu.

℞. Rendons grâces à Dieu.

HYMNE.

MUNDUM calcans sub pedibus
Manum misit ad fortia,
Nudus occurrens hostibus,
Christi suffultus gratia.

IL foule aux pieds ce monde esclave,
Par des efforts laborieux.
Contre les ennemis qu'il brave
Sa force est la grâce des cieux.

Pugnat verbo, miraculis,
Missis per orbem fratribus,
Crebros adjungens sedulis
Fletus orationibus.

Des miracles, voilà ses armes ;
Ses frères s'en vont en tout lieu ;
Il mêle d'abondantes larmes
Aux prières qu'il fait à Dieu.

Trino Deo et simplici
Laus, honor, virtus, gloria :
Qui nos, prece Dominici,
Ducat ad cœli gaudia.

Au Dieu triple et pourtant unique
Gloire, force, louange, honneur !
Que, prié par saint Dominique,
Là haut il nous mène au bonheur.

Amen.

Ainsi soit-il.

℣. Justus germinabit sicut lilium.

℣. Le juste croîtra comme le lis.

℟. Et florebit in æternum ante Dominum.

℟. Et il fleurira éternellement devant le Seigneur.

CANTIQUE DE ZACHARIE. *Luc.* 1.

BENEDICTUS Dominus Deus Israel ; * quia visi-

BÉNI soit le Seigneur, Dieu d'Israël ! parce qu'il a

tavit et fecit redemptionem plebis suæ.

Et erexit cornu salutis nobis, * in domo David pueri sui.

Sicut locutus est per os Sanctorum, * qui a sæculo sunt, Prophetarum ejus,

Salutem ex inimicis nostris,* et de manu omnium qui oderunt nos.

Ad faciendam misericordiam cum patribus nostris, * et memorari testamenti sui sancti;

Jusjurandum quod juravit ad Abraham patrem nostrum, * daturum se nobis;

Ut sine timore, de manu inimicorum nostrorum liberati, * serviamus illi;

In sanctitate et justitia coram ipso, * omnibus diebus nostris.

Et tu, puer, propheta Altissimi vocaberis; * præibis enim ante faciem Domini, parare vias ejus;

visité et racheté son peuple.

Et il a élevé parmi nous le signe du salut, dans la maison de David, son serviteur;

Comme il l'avait promis par la bouche des Saints, qui ont été ses Prophètes, dès le commencement,

Qu'il nous sauverait de nos ennemis et de la main de tous ceux qui nous haïssent;

Qu'il ferait miséricorde à nos pères et se rappellerait sa sainte alliance,

Et le serment par lequel il a juré à Abraham, notre père, qu'il se donnerait à nous,

Afin que, délivrés de la main de nos ennemis, nous le servions sans crainte,

Et marchions en sa présence, tous les jours de notre vie, dans la sainteté et la justice.

Et toi, petit enfant, tu seras appelé prophète du Très-Haut; car tu marcheras devant la face du Seigneur, pour préparer ses voies;

Ad dandam scientiam salutis plebi ejus, * in remissionem peccatorum eorum ;

Per viscera misericordiæ Dei nostri, * in quibus visitavit nos Oriens ex alto ;

Illuminare his qui in tenebris et in umbra mortis sedent ; * ad dirigendos pedes nostros in viam pacis.

Gloria Patri, etc.

Ant. Benedictus Redemptor omnium, qui, saluti providens hominum, mundo dedit sanctum Dominicum.

℣. Domine, exaudi orationem meam.

℟. Et clamor meus ad te veniat.

OREMUS.

Deus, qui Ecclesiam tuam Beati Dominici Confessoris tui, Patris nostri, illuminare dignatus es meritis et doctrinis : concede, ut ejus intercessione, temporalibus non destituatur auxiliis, et spiritualibus

---

Afin de donner à son peuple la science du salut, pour la rémission de ses péchés.

Et cela par les entrailles de la miséricorde de notre Dieu, laquelle l'a poussé, pour nous visiter, à quitter les hauteurs du ciel,

Pour éclairer ceux qui sont assis dans les ténèbres et dans l'ombre de la mort, et diriger nos pas dans la voie de la paix.

Gloire au Père, etc.

Ant. Béni soit à jamais le Rédempteur de tous les hommes, qui, voulant pourvoir à leur salut, a envoyé saint Dominique au monde.

℣. Seigneur, écoutez ma prière.

℟. Et que mes cris s'élèvent jusqu'à vous.

PRIONS.

O Dieu, qui avez daigné éclairer votre Église par les mérites et par la doctrine du Bienheureux Dominique, votre Confesseur et notre Père ; permettez que, par son intercession, elle ne manque jamais de secours temporels, et qu'elle fasse

semper proficiat incrementis. Per Dominum nostrum Jesum Christum, Filium tuum, qui tecum vivit et regnat in unitate Spiritus sancti Deus, per omnia sæcula sæculorum.

℟. Amen.

℣. Domine, exaudi orationem meam.

℟. Et clamor meus ad te veniat.

℣. Benedicamus Domino.

℟. Deo gratias.

toujours des progrès par des accroissements spirituels. Par notre Seigneur Jésus-Christ, votre Fils, qui, étant Dieu, vit et règne avec vous en l'unité du Saint-Esprit, dans tous les siècles des siècles.

℟. Ainsi soit-il.

℣. Seigneur, écoutez ma prière.

℟. Et que mes cris s'élèvent jusqu'à vous.

℣. Bénissons le Seigneur.

℟. Rendons grâces à Dieu.

A PRIME.

℣. Jesu bone, prece Dominici

℟. Tibi præsta nos gratos effici.

℣. Deus, in adjutorium meum intende.

℟. Domine, ad adjuvandum me festina.

Gloria Patri, etc.

Alleluia *ou* Laus tibi, Domine, Rex æternæ gloriæ.

℣. Doux Jésus, que la prière de Dominique

℟. Nous fasse trouver grâce devant vous.

℣. O Dieu, venez à mon aide.

℟. Seigneur, hâtez-vous de me secourir.

Gloire au Père, etc.

Louez le Seigneur, *ou* Louange à vous, Seigneur, Roi de gloire éternelle.

HYMNE.

HYMNUM novæ lætitiæ,

QUE le zèle en nous se déploie.

Dulci productum cantico,	De la sainte fraternité,
Noster depromat hodie	Et qu'un nouvel hymne de joie
Chorus sancto Dominico.	A Dominique soit chanté.
Trino Deo et simplici	Au Dieu triple et pourtant unique
Laus, honor, virtus, gloria :	Gloire, force, louange, honneur !
Qui nos, prece Dominici,	Que, prié par saint Dominique,
Ducat ad cœli gaudia.	Là-haut il nous mène au bonheur.
Amen.	Ainsi soit-il.

PSAUME 3.

DOMINE, quid multiplicati sunt qui tribulant me? * multi insurgunt adversum me.

Multi dicunt animæ meæ : * Non est salus ipsi in Deo ejus.

Tu autem, Domine, susceptor meus es ; * gloria mea, et exaltans caput meum.

Voce mea ad Dominum clamavi, * et exaudivit me de monte sancto suo.

Ego dormivi et soporatus sum ; * et exurrexi,

SEIGNEUR, combien se sont multipliés ceux qui me persécutent ! que d'ennemis armés contre moi !

Que de voix disent à mon âme : Il n'y a point de salut pour toi dans ton Dieu.

Mais, Seigneur, vous êtes mon soutien ; vous êtes ma gloire, et c'est vous qui élevez ma tête.

J'ai crié vers le Seigneur, et il m'a exaucé du haut de sa montagne sainte.

Je me suis endormi d'un sommeil profond ; et je me

quia Dominus suscepit me.

Non timebo millia populi circumdantis me : * exurge, Domine, salvum me fac, Deus meus.

Quoniam tu percussisti omnes adversantes mihi sine causa; * dentes peccatorum contrivisti.

Domini est salus; * et super populum tuum benedictio tua.

Gloria Patri, etc.

Ant. Adest dies lætitiæ, quo Beatus Dominicus aulam cœlestis curiæ civis intrat magnificus.

suis levé, parce que le Seigneur m'a pris sous sa protection.

Je ne craindrai plus ces milliers d'ennemis qui m'environnent; levez-vous, Seigneur : ô mon Dieu, sauvez-moi.

Et vous avez frappé mes injustes persécuteurs; déjà vous avez brisé les dents des impies.

Le salut vient du Seigneur, et sa bénédiction repose sur son peuple.

Gloire au Père, etc.

Ant. Voici le jour de l'allégresse, où le Bienheureux Dominique entre triomphant sous les portiques de la cour céleste.

CAPITULE. Eccli. 45. 1.

DILECTUS Deo et hominibus, cujus memoria in benedictione est : similem illum fecit in gloria Sanctorum.

℟. Deo gratias.

℣. Jesu Christe, Fili Dei vivi, prece Dominici.

℟. Tibi præsta nos gratos effici.

IL est chéri de Dieu et des hommes, et sa mémoire est en bénédiction : Dieu a égalé sa gloire à celle des Saints.

℟. Rendons grâces à Dieu.

℣. Jésus-Christ, Fils du Dieu vivant, que la prière de Dominique

℟. Nous fasse trouver grâce devant vous.

℣. Domine, exaudi orationem meam.

℟. Et clamor meus ad te veniat.

℣. Seigneur, écoutez ma prière.

℟. Et que mes cris s'élèvent jusqu'à vous.

 OREMUS.

PRIONS.

Deus, qui Ecclesiam tuam Beati Dominici Confessoris tui, Patris nostri, illuminare dignatus es meritis et doctrinis : concede, ut ejus intercessione, temporalibus non destituatur auxiliis, et spiritualibus semper proficiat incrementis. Per Dominum nostrum Jesum Christum, etc.

O Dieu, qui avez daigné éclairer votre Église par les mérites et par la doctrine du Bienheureux Dominique, votre Confesseur et notre Père ; permettez que, par son intercession, elle ne manque jamais de secours temporels, et qu'elle fasse toujours des progrès par des accroissements spirituels. Par notre Seigneur Jésus-Christ, etc.

℟. Amen.

℣. Domine, exaudi orationem meam.

℟. Et clamor meus ad te veniat.

℣. Benedicamus Domino.

℟. Deo gratias.

℟. Ainsi soit-il.

℣. Seigneur, écoutez ma prière.

℟. Et que mes cris s'élèvent jusqu'à vous.

℣. Bénissons le Seigneur.

℟. Rendons grâces à Dieu.

A TIERCE.

℣. Jesu bone, prece Dominici

℟. Tibi præsta nos gratos effici.

℣. Doux Jésus, que la prière de Dominique

℟. Nous fasse trouver grâce devant vous.

℣. Deus, in adjutorium meum intende.

℟. Domine, ad adjuvandum me festina.

Gloria Patri, etc.

Alleluia, *ou* Laus tibi, Domine, Rex æternæ gloriæ.

℣. O Dieu, venez à mon aide.

℟. Seigneur, hâtez-vous de me secourir.

Gloire au Père, etc.

Louez le Seigneur, *ou* Louange à vous, Seigneur, Roi de gloire éternelle.

HYMNE.

VERGENTE mundi vespere,
Novum sidus exoritur :

Et clausis culpæ carcere,
Præco salutis mittitur.

VERS la nuit se penchait le monde
Quand un nouvel astre apparut :

Du péché la prison profonde
Vit cet apôtre de salut.

Trino Deo et simplici

Laus, honor, virtus, gloria :
Qui nos, prece Dominici,
Ducat ad cœli gaudia.

Amen.

Au Dieu triple et pourtant unique

Gloire, force, louange, honneur !
Que, prié par saint Dominique,
Là-haut il nous mène au bonheur.

Ainsi soit-il.

PSAUME 14.

DOMINE, quis habitabit in tabernaculo tuo ? * aut quis requiescet in monte sancto tuo ?

Qui ingreditur sine macula, * et operatur justitiam ;

SEIGNEUR, qui habitera dans votre tabernacle ? qui reposera sur votre montagne sainte ?

Celui qui marche dans l'innocence, et qui pratique la justice ;

Qui loquitur veritatem in corde suo; * qui non egit dolum in lingua sua;

Nec fecit proximo suo malum, * et opprobrium non accepit adversus proximos suos;

Ad nihilum deductus est in conspectu ejus malignus; * timentes autem Dominum glorificat;

Qui jurat proximo suo, et non decipit; * qui pecuniam suam non dedit ad usuram, et munera super innocentem non accipit.

Qui facit hæc, * non movebitur in æternum.

Gloria Patri, etc.

Ant. Pauper in peculio, dives vita pura; paupertatis pretio, cœli tenet jura.

Celui qui parle la vérité dans son cœur, et dont la langue ne pratique pas le mensonge;

Celui qui ne fait pas de mal à son frère, et qui n'accueille pas la calomnie contre son prochain;

Celui dont la présence confond le pervers, et qui honore l'homme craignant Dieu;

Celui dont la parole est sacrée, dont l'argent n'est point prêté à usure, et qui ne reçoit pas de présent contre l'innocence.

Celui qui agit ainsi entrera dans la gloire de l'éternité.

Gloire au Père, etc.

Ant. Pauvre d'argent, mais riche d'une vie pure, il recueillera dans les trésors du Ciel le prix de sa pauvreté.

CAPITULE. Eccli. 50. 6.

Quasi stella matutina in medio nebulæ, et quasi luna plena in diebus suis, et quasi sol refulgens, sic iste ef-

Comme l'étoile du matin au sein de l'obscurité, comme le disque de la lune en son éclat, il a brillé dans ses jours, et, comme un soleil fulsit in templo Dei.

℟. Deo gratias.

℣. Sancte Pater Dominice, audi rogantes servulos.

℟. Et impetratam nobis cœlitus, tu defer indulgentiam.

℣. Domine, exaudi orationem meam.

℟. Et clamor meus ad te veniat.

OREMUS.

Deus, qui Ecclesiam tuam Beati Dominici Confessoris tui, Patris nostri, illuminare dignatus es meritis et doctrinis : concede, ut ejus intercessione, temporalibus non destituatur auxiliis, et spiritualibus semper proficiat incrementis. Per Dominum nostrum Jesum Christum, etc.

℟. Amen.

℣. Domine, exaudi orationem meam.

℟. Et clamor meus ad te veniat.

℣. Benedicamus Domino.

resplendissant, il a lui dans le temple de Dieu.

℟. Rendons grâces à Dieu.

℣. Saint Père Dominique, écoutez la prière de vos serviteurs.

℟. Et faites descendre sur nous la miséricorde du Ciel.

℣. Seigneur, écoutez ma prière.

℟. Et que mes cris s'élèvent jusqu'à vous.

PRIONS.

O Dieu, qui avez daigné éclairer votre Église par les mérites et par la doctrine du Bienheureux Dominique, votre Confesseur et notre Père ; permettez que, par son intercession, elle ne manque jamais de secours temporels, et qu'elle fasse toujours des progrès par des accroissements spirituels. Par notre Seigneur Jésus-Christ, etc.

℟. Ainsi soit-il.

℣. Seigneur, écoutez ma prière.

℟. Et que mes cris s'élèvent jusqu'à vous.

℣. Bénissons le Seigneur.

℟. Deo gratias.

℟. Rendons grâces à Dieu.

———

A SEXTE.

℣. Jesu bone, prece Dominici

℣. Doux Jésus, que la prière de Dominique

℟. Tibi præsta nos gratos effici.

℟. Nous fasse trouver grâce devant vous.

℣. Deus, in adjutorium meum intende.

℣. O Dieu, venez à mon aide.

℟. Domine, ad adjuvandum me festina.

℟. Seigneur, hâtez-vous de me secourir.

Gloria Patri, etc.

Gloire au Père, etc.

Alleluia, *ou* Laus tibi, Domine, Rex æternæ gloriæ.

Louez le Seigneur, *ou* Louange à vous, Seigneur, Roi de gloire éternelle.

HYMNE.

Doctrinam evangelicam

De la doctrine du Messie

Spargens per orbis cardinem,

Il porte partout le flambeau,

Pestem fugat hæreticam,

Et refoule au loin l'hérésie,

Novum producens Ordinem.

En créant un Ordre nouveau.

Trino Deo et simplici

Au Dieu triple et pourtant unique

Laus, honor, virtus, gloria :

Gloire, force, louange, honneur !

Qui nos, prece Dominici,

Que, prié par saint Dominique,

Ducat ad cœli gaudia.

Là-haut il nous mène au bonheur.

Amen.

Ainsi soit-il.

PSAUME 20.

DOMINE, in virtute tua lætabitur rex, * et super salutare tuum exultabit vehementer.

Desiderium cordis ejus tribuisti ei, * et voluntate labiorum ejus non fraudasti eum.

Quoniam prævenisti eum in benedictionibus dulcedinis : * posuisti in capite ejus coronam de lapide pretioso.

Vitam petiit a te; * et tribuisti ei longitudinem dierum in sæculum et in sæculum sæculi.

Magna est gloria ejus in salutari tuo :* gloriam et magnum decorem impones super eum.

Quoniam dabis eum in benedictionem in sæculum sæculi; * lætificabis eum in gaudio cum vultu tuo.

Quoniam rex sperat in Domino, * et in misericordia Altissimi non commovebitur.

Inveniatur manus tua omnibus inimicis tuis : *

SEIGNEUR, le Roi se réjouira dans votre force ; il tressaillira d'allégresse dans la salut qu'il vous doit.

Vous lui avez accordé le désir de son cœur, et vous n'avez point trompé le vœu de ses lèvres.

Vous l'avez prévenu par la douceur de vos bénédictions ; vous avez posé sur sa tête une couronne de pierreries.

Il vous a demandé la vie, et vous lui donnerez la longueur des jours dans le siècle et dans les siècles des siècles.

Sa gloire est grande dans le salut qui vient de vous ; vous l'environnez de puissance et de majesté.

Vous l'avez destiné à vos bénédictions éternelles ; vous le comblerez de joie sous l'aspect de votre visage.

Parce que le roi met son espérance dans le Seigneur, la miséricorde du Très-Haut le rendra inébranlable.

Que votre main, Seigneur, atteigne tous vos

dextera tua inveniat omnes qui te oderunt.

Pones eos ut clibanum ignis in tempore vultus tui : * Dominus in ira sua conturbabit eos, et devorabit eos ignis.

Fructum eorum de terra perdes; * et semen eorum a filiis hominum.

Quoniam declinaverunt in te mala,* cogitaverunt consilia quæ non potuerunt stabilire.

Quoniam pones eos dorsum, * in reliquiis tuis præparabis vultum eorum.

Exaltare, Domine, in virtute tua; * cantabimus et psallemus virtutes tuas.

Gloria Patri, etc.

Ant. Scala cœlo prominens fratri revelatur, per quam Pater transiens sursum ferebatur.

ennemis ; que votre droite s'étende sur tous ceux qui vous haïssent.

Vous les embraserez comme une fournaise ardente au jour de votre colère, vous les remplirez d'épouvante, et le feu les dévorera.

Vous détruirez les fruits de leur terre, et vous effacerez leur race du milieu des enfants des hommes.

Ils ont médité le mal contre vous ; ils ont conçu des projets qu'ils n'ont pu réaliser.

Vous précipiterez leur fuite, et vous épuiserez contre leur visage les flèches de votre carquois.

Levez-vous, Seigneur, dans votre force ; et nous chanterons, nous exalterons vos triomphes.

Gloire au Père, etc.

Ant. Un frère aperçoit une échelle dressée vers le ciel, et sur laquelle le Père, en montant, s'élevait en haut par degré.

CAPITULE. Is. 59. 21.

Spiritus meus qui est in te, et verba mea quæ posui in ore tuo, non re-

Mon esprit qui réside en toi, et mes paroles que j'ai placées sur tes lèvres, ne

cedent de ore tuo et de ore seminis tui, dicit Dominus, amodo et usque in sempiternum.

℟. Deo gratias.

℣. Pie Pater Dominice, tuorum memor operum ;

℟. Sta coram summo Judice, pro tuo cœtu pauperum.

℣. Domine, exaudi orationem meam.

℟. Et clamor meus ad te veniat.

OREMUS.

Deus, qui Ecclesiam tuam Beati Dominici Confessoris tui, Patris nostri, illuminare dignatus es meritis et doctrinis : concede, ut ejus intercessione, temporalibus non destituatur auxiliis, et spiritualibus semper proficiat incrementis. Per Dominum nostrum Jesum Christum, etc.

℟. Amen.

℣. Domine, exaudi orationem meam.

seront pas retirées de ta bouche, dit le Seigneur, ni de celle de ta race, depuis ce jour jusqu'à l'éternité.

℟. Rendons grâces à Dieu.

℣. Père miséricordieux, Dominique, souvenez-vous de votre ouvrage,

℟. Et tenez-vous suppliant devant le Juge suprême, en faveur de la société de vos pauvres serviteurs.

℣. Seigneur, écoutez ma prière.

℟. Et que mes cris s'élèvent jusqu'à vous.

PRIONS.

O Dieu, qui avez daigné éclairer votre Église par les mérites et par la doctrine du Bienheureux Dominique, votre Confesseur et notre Père ; permettez que par son intercession elle ne manque jamais de secours temporels, et qu'elle fasse toujours des progrès par des accroissements spirituels. Par notre Seigneur Jésus-Christ, etc.

℟. Ainsi soit-il.

℣. Seigneur, écoutez ma prière.

℞. Et clamor meus ad te veniat.

℣. Benedicamus Domino.

℞. Deo gratias.

℞. Et que mes cris s'élèvent jusqu'à vous.

℣. Bénissons le Seigneur.

℞. Rendons grâces à Dieu.

A NONE.

℣. Jesu bone, prece Dominici

℞. Tibi præsta nos gratos effici.

℣. Deus, in adjutorium meum intende.

℞. Domine, ad adjuvandum me festina.

Gloria Patri, etc.

Alleluia, *ou* Laus tibi, Domine, Rex æternæ gloriæ.

℣. Doux Jésus, que la prière de Dominique

℞. Nous fasse trouver grâce devant vous.

℣. O Dieu, venez à mon aide.

℞. Seigneur, hâtez-vous de me secourir.

Gloire au Père, etc.

Louez le Seigneur, *ou* Louange à vous, Seigneur, Roi de gloire éternelle.

HYMNE.

Hic est fons ille modicus,
Crescens in flumen maximum,
Qui, mundo jam mirificus,
Potum largitur optimum.

C'est là cette humble et vive source
Qui va bientôt, fleuve géant,
Au monde, en poursuivant sa course,
Verser un breuvage excellent.

Trino Deo et simplici

Laus, honor, virtus, gloria :

Au Dieu triple et pourtant unique

Gloire, force, louange, honneur !

Qui nos, prece Dominici,
Ducat ad cœli gaudia.

Amen.

Que, prié par saint Domi-
nique,
Là-haut il nous mène au
bonheur.
Ainsi soit-il.

PSAUME 22.

DOMINI est terra, et plenitudo ejus, * orbis terrarum, et universi qui habitant in eo.

Quia ipse super maria fundavit eum, * et super flumina præparavit eum.

Quis ascendet in montem Domini? * aut quis stabit in loco sancto ejus?

Innocens manibus et mundo corde; * qui non accepit in vano animam suam, nec juravit in dolo proximo suo.

Hic accipiet benedictionem a Domino, * et misericordiam a Deo salutari suo.

Hæc est generatio quærentium eum, * quærentium faciem Dei Jacob.

Attollite portas, prin-

La terre et tout ce qu'elle contient est au Seigneur : l'univers et tout ce qui l'habite est à lui.

Car c'est lui qui a fondé le globe terrestre au-dessus des mers; c'est lui qui l'a affermi au-dessus des fleuves.

Quel est celui qui montera sur la montagne du Seigneur? qui s'établira dans son sanctuaire?

Celui dont les mains sont innocentes, dont le cœur est pur; qui n'a point reçu son âme en vain, et n'a pas été parjure envers son frère.

Celui-là recevra la bénédiction du Seigneur, et la miséricorde du Dieu son sauveur.

Telle doit être la race de ceux qui cherchent le Seigneur, de ceux qui cherchent la vue de votre face, ô Dieu de Jacob !

Princes, élevez vos por-

cipes, vestras, et elevamini, portæ æternales :* et introibit Rex gloriæ.

Quis est iste Rex gloriæ? * Dominus fortis et potens, Dominus potens in prælio.

Attollite portas, principes, vestras, et elevamini, portæ æternales :* et introibit Rex gloriæ.

Quis est iste Rex gloriæ? * Dominus virtutum ipse est Rex gloriæ.

Gloria Patri, etc.

Ant. Fulget in choro virginum Doctor veritatis : sertum honoris geminum gerens cum beatis.

CAPITULE. *Malach.* 2. 6.

LEX veritatis fuit in ore ejus, et iniquitas non est inventa in labiis ejus : in pace et in æquitate ambulavit mecum, et multos avertit ab iniquitate.

℞. Deo gratias.

℣. Imple, Pater, quod dixisti.

tes ; exhaussez-vous, portes éternelles : et le Roi de gloire entrera.

Quel est-il ce Roi de gloire? C'est le Seigneur, le Fort, le Puissant ; c'est le Dieu vainqueur dans les combats.

Princes, élevez vos portes ; exhaussez-vous, portes éternelles : et le Roi de gloire entrera.

Quel est-il ce Roi de gloire? C'est le Seigneur, le Dieu des armées ; c'est lui qui est le Roi de gloire.

Gloire au Père, etc.

Ant. Docteur de la vérité, il brille parmi les chœurs des vierges, et porte chez les élus une double couronne de gloire.

LA loi de vérité a été dans sa bouche, et l'iniquité ne s'est point trouvée sur ses lèvres ; il a marché avec moi dans la paix et dans la justice, et il a détourné la multitude des voies de l'iniquité.

℞. Rendons grâces à Dieu.

℣. Accomplissez, ô Père, ce que vous avez dit.

℟. Nos tuis juvans precibus.

℣. Domine, exaudi orationem meam.

℟. Et clamor meus ad te veniat.

OREMUS.

Deus, qui Ecclesiam tuam Beati Dominici Confessoris tui, Patris nostri, illuminare dignatus es meritis et doctrinis : concede, ut ejus intercessione, temporalibus non destituatur auxiliis, et spiritualibus semper proficiat incrementis. Per Dominum nostrum Jesum Christum, etc.

℟. Amen.

℣. Domine, exaudi orationem meam.

℟. Et clamor meus ad te veniat.

℣. Benedicamus Domino.

℟. Deo gratias.

℟. En nous secourant par vos prières.

℣. Seigneur; écoutez ma prière.

℟. Et que mes cris s'élèvent jusqu'à vous.

PRIONS.

O Dieu, qui avez daigné éclairer votre Église par les mérites et par la doctrine du Bienheureux Dominique, votre Confesseur et notre Père ; permettez que, par son intercession, elle ne manque jamais de secours temporels, et qu'elle fasse toujours des progrès par des accroissements spirituels. Par notre Seigneur Jésus-Christ, etc.

℟. Ainsi soit-il.

℣. Seigneur, écoutez ma prière.

℟. Et que mes cris s'élèvent jusqu'à vous.

℣. Bénissons le Seigneur.

℟. Rendons grâces à Dieu.

A VÊPRES.

℣. Jesu bone, prece Dominici

℟. Tibi præsta nos gratos effici.

℣. Doux Jésus, que la prière de Dominique

℟. Nous fasse trouver grâce devant vous.

℣. Deus, in adjutorium meum intende.

℟. Domine, ad adjuvandum me festina.

Gloria Patri, etc.

Alleluia, *ou* Laus tibi, Domine, Rex æternæ gloriæ.

℣. O Dieu, venez à mon aide.

℟. Seigneur, hâtez-vous de me secourir.

Gloire au Père, etc.

Louez le Seigneur, *ou* Louange à vous, Seigneur, Roi de gloire éternelle.

PSAUME 111.

BEATUS vir qui timet Dominum, * in mandatis ejus volet nimis.

Potens in terra erit semen ejus; * generatio rectorum benedicetur.

Gloria et divitiæ in domo ejus; * et justitia ejus manet in sæculum sæculi.

Exortum est in tenebris lumen rectis; * misericors, et miserator, et justus.

Jucundus homo, qui miseretur et commodat, disponet sermones suos in judicio; * quia in æternum non commovebitur.

In memoria æterna erit justus; * ab auditione mala non timebit.

Paratum cor ejus spe-

HEUREUX l'homme qui craint le Seigneur et qui brûle d'accomplir sa loi.

La race du juste sera puissante sur la terre; sa postérité sera bénie.

La gloire et les richesses résideront dans sa maison, et sa justice subsistera dans tous les siècles.

Du milieu des ténèbres, une lumière s'est levée pour les cœurs droits : c'est le soleil de justice, de miséricorde et de bonté.

Agréable est à Dieu l'homme qui aime et secourt ses frères, et qui règle ses paroles sur l'équité; il ne sera jamais troublé dans sa paix.

La mémoire du juste sera éternelle : la calomnie ne l'ébranlera point.

Son cœur est prêt, il espère

rare in Domino; confirmatum est cor ejus : * non commovebitur, donec despiciat inimicos suos.

dans le Seigneur; son cœur est ferme, il ne chancellera point; il ne se troublera pas jusqu'à ce qu'il ait vu l'abaissement de ses ennemis.

Dispersit, dedit pauperibus; justitia ejus manet in sæculum sæculi; * cornu ejus exaltabitur in gloria.

Il a prodigué ses biens aux pauvres : sa charité vivra dans les siècles, et sa force sera couronnée de gloire.

Peccator videbit, et irascetur; dentibus suis fremet, et tabescet: * desiderium peccatorum peribit.

L'impie le verra et frémira ; il grincera des dents, il séchera de rage, mais le désir de l'impie périra.

Gloria Patri, etc.

Gloire au Père, etc.

Ant. Qui timet Dominum, in mandatis ejus cupit nimis.

Ant. Celui qui craint le Seigneur, brûle d'accomplir sa loi.

CAPITULE. Eccli. 50. 6.

QUASI stella matutina in medio nebulæ, et quasi luna plena in diebus suis : et quasi sol refulgens, sic iste effulsit in templo Dei.

COMME l'étoile du matin au sein de l'obscurité, comme le disque de la lune en son éclat, il a brillé dans ses jours, et, comme un soleil resplendissant, il a lui dans le temple de Dieu.

℟. Deo gratias.

℟. Rendons grâces à Dieu.

HYMNE.

GAUDE, mater Ecclesia,

TRESSAILLE, Église maternelle,

Lætam agens memoriam :

Devant un souvenir joyeux;

Quæ novæ prolis gau-
dia

Toi, qui d'une race nouvelle

Mittis ad cœli curiam.

Fais monter les chants jusqu'aux cieux.

Prædicatorum Ordinis

Car Dominique, chef et
Père

Dux et Pater Domini-
cus,

De l'Ordre des Frères Prêcheurs,

Mundi jam fulget ter-
minis,

De sa gloire éblouit la terre

Civis effectus cœlicus.

Du haut des célestes splendeurs.

Trino Deo et simplici

Au Dieu triple et pourtant
unique

Laus, honor, virtus,
gloria :

Gloire, force, louange, honneur !

Quinos, prece Dominici,

Que, prié par saint Domi-
nique

Ducat ad cœli gaudia.

Là-haut il nous mène au
bonheur.

Amen.

Ainsi soit-il.

℣. Ora pro nobis,
Beate Pater Dominice.

℣. Bienheureux Père Do-
minique, priez pour nous.

℟. Ut digni efficiamur
promissionibus Christi.

℟. Afin que nous deve-
nions dignes des promesses
de Jésus-Christ.

CANTIQUE DE LA SAINTE VIERGE. *Luc.* 1.

MAGNIFICAT * anima
mea Dominum.

MON âme glorifie le Sei-
gneur.

Et exultavit spiritus
meus * in Deo salutari
meo.

Et mon esprit a tressailli
d'allégresse dans le Dieu
mon salut.

Quia respexit humili-

Parce qu'il a jeté les

tatem ancillæ suæ : * ecce enim ex hoc beatam me dicent omnes generationes.

Quia fecit mihi magna qui potens est, * et sanctum nomen ejus.

Et misericordia ejus a progenie in progenies, * timentibus eum.

Fecit potentiam in brachio suo ; * dispersit superbos mente cordis sui.

Deposuit potentes de sede, * et exaltavit humiles.

Esurientes implevit bonis, * et divites dimisit inanes.

Suscepit Israel puerum suum, * recordatus misericordiæ suæ.

Sicut locutus est ad patres nostros, * Abraham et semini ejus in sæcula.

Gloria Patri, etc.

Ant. Magne Pater sancte Dominice, mortis hora nos tecum su-

yeux sur l'humilité de sa servante ; et voici que désormais toutes les générations me proclameront bienheureuse ;

Car il a fait pour moi de grandes choses, Celui qui est puissant, et son nom est saint.

Sa miséricorde s'étend, de génération en génération, sur ceux qui le craignent.

Il a déployé la force de son bras ; il a dissipé les orgueilleux dans les pensées de leur cœur.

Il a renversé les puissants de leurs trônes, et il a élevé les humbles.

Il a rempli de biens ceux qui avaient faim ; et il a renvoyé les riches les mains vides.

Se souvenant de sa miséricorde, il a pris dans ses bras Israël, son serviteur.

Ainsi l'avait-il promis à nos pères, à Abraham, et à sa postérité dans tous les âges.

Gloire au Père, etc.

Ant. Grand saint Dominique notre Père, unissez-nous à vous à l'heure de la mort,

scipe, et hic semper nos pie respice.

℣. Domine, exaudi orationem meam.

℟. Et clamor meus ad te veniat.

OREMUS.

Deus, qui Ecclesiam tuam Beati Dominici Confessoris tui, Patris nostri, illuminare dignatus es meritis et doctrinis : concede, ut ejus intercessione, temporalibus non destituatur auxiliis, et spiritualibus semper proficiat incrementis. Per Dominum nostrum Jesum Christum, etc.

℟. Amen.

℣. Domine, exaudi orationem meam.

℟. Et clamor meus ad te veniat.

℣. Benedicamus Domino.

℟. Deo gratias.

et regardez-nous toujours ici-bas d'un œil favorable.

℣. Seigneur, écoutez ma prière.

℟. Et que mes cris s'élèvent jusqu'à vous.

PRIONS.

O Dieu, qui avez daigné éclairer votre Église par les mérites et par la doctrine du Bienheureux Dominique, votre Confesseur et notre Père ; permettez que, par son intercession, elle ne manque jamais de secours temporels, et qu'elle fasse toujours des progrès par des accroissements spirituels. Par notre Seigneur Jésus-Christ, etc.

℟. Ainsi soit-il.

℣. Seigneur, écoutez ma prière.

℟. Et que ma voix s'élève jusqu'à vous.

℣. Bénissons le Seigneur.

℟. Rendons grâces à Dieu.

A COMPLIES.

℣. Jesu bone, prece Dominici

℟. Tibi præsta nos gratos effici.

℣. Doux Jésus, que la prière de Dominique

℟. Nous fasse trouver grâce devant vous.

℣. Deus, in adjutorium meum intende.

℟. Domine, ad adjuvandum me festina.

Gloria Patri, etc.

Alleluia, *ou* Laus tibi, Domine, Rex æternæ gloriæ.

℣. Mon Dieu, venez à mon aide.

℟. Seigneur, hâtez-vous de me secourir.

Gloire au Père, etc.

Louez le Seigneur, *ou* Louange à vous, Seigneur, Roi d'éternelle gloire.

PSAUME 133.

Ecce nunc benedicite Dominum, * omnes servi Domini.

Qui statis in domo Domini, * in atriis domus Dei nostri,

In noctibus extollite manus vestras in sancta, * et benedicite Dominum.

Benedicat te Dominus ex Sion, * qui fecit cœlum et terram.

Gloria Patri, etc.

Ant. Liber carnis vinculo, cœlum introivit; ubi pleno poculo gustat quod sitivit.

Bénissez aujourd'hui le Seigneur, vous tous qui êtes ses serviteurs.

Vous qui habitez la maison du Seigneur, et les parvis de son temple,

Élevez, pendant les nuits, vos mains vers le sanctuaire du Seigneur, et bénissez Jéhovah.

Des hauteurs de Sion que le Seigneur te bénisse, Israël, le Seigneur qui a fait le ciel et la terre.

Gloire au Père, etc.

Ant Délivré des liens de la chair, il est entré dans les cieux; et là il boit à pleine coupe le breuvage dont il a été altéré.

CAPITULE. *Eccli.* 15. 5.

In medio Ecclesiæ aperuit os ejus, et implevit eum Dominus spiritu sapientiæ et intellectus;

Le Seigneur a ouvert sa bouche au milieu de son Église, et il l'a rempli de l'Esprit de sagesse et d'in-

stolam gloriæ induit eum.

℟. Deo gratias.

telligence; il l'a couvert d'un vêtement de gloire.

℟. Rendons grâces à Dieu.

HYMNE.

Carnis liber ergastulo,

Quittant la prison de la terre,

Cœli potitur gloria :

Il va goûter la paix des cieux,

Pro paupertatis cingulo,

Et sa ceinture de misère

Stola dotatur regia.

Se change en manteau glorieux.

Fragrans odor de tumulo,

De sa tombe les cent miracles,

Cum virtutum frequentia :

L'étonnante et suave odeur,

Clamat pro Christi famulo,

Ce sont des voix dont les oracles

Summi regis magnalia.

Disent les œuvres du Seigneur.

Trino Deo et simplici

Au Dieu triple et pourtant unique

Laus, honor, virtus, gloria :

Gloire, force, louange, honneur !

Qui nos, prece Dominici,

Que, prié par saint Dominique,

Ducat ad cœli gaudia.

Là-haut il nous mène au bonheur.

Amen.

Ainsi soit-il.

℣. Custodi nos, Beate Pater Dominice, ut pupillam oculi.

℣. Bienheureux Père Dominique, gardez-nous comme la prunelle de votre œil.

℟. Sub umbra alarum tuarum protege nos.

℟. A l'ombre de vos ailes protégez-nous.

CANTIQUE DE SIMÉON. *Luc.* 2.

NUNC dimittis servum tuum, Domine, * secundum verbum tuum, in pace ;

Quia viderunt oculi mei * salutare tuum,

Quod parasti, * ante faciem omnium populorum,

Lumen ad revelationem gentium, * et gloriam plebis tuæ Israel.

Gloria Patri, etc.

Ant. O lumen Ecclesiæ, doctor veritatis, rosa sapientiæ, ebur castitatis, aquam sapientiæ propinasti gratis : prædicator gratiæ, nos junge Beatis.

℣. Domine, exaudi orationem meam.

℟. Et clamor meus ad te veniat.

OREMUS.

Deus, qui Ecclesiam tuam Beati Dominici Confessoris tui, Patris nostri, illuminare dignatus es meritis et do-

MAINTENANT, Seigneur, laissez aller en paix votre serviteur, selon votre parole ;

Parce que mes yeux ont vu votre salut,

Que vous avez préparé, devant la face de tous les peuples,

Pour être la lumière des nations et la gloire de votre peuple d'Israël.

Gloire au Père, etc.

Ant. O lumière de l'Église, docteur de la vérité, rose de sagesse, ivoire de chasteté, vous nous avez généreusement abreuvés de l'eau de la sagesse ; apôtre de la grâce, réunissez-nous aux Bienheureux.

℣. Seigneur, écoutez ma prière.

℟. Et que mes cris s'élèvent jusqu'à vous.

PRIONS.

O Dieu, qui avez daigné éclairer votre Église par les mérites et par la doctrine du Bienheureux Dominique, votre Confesseur et notre

ctrinis : concede, ut ejus intercessione, temporalibus non destituatur auxiliis, et spiritualibus semper proficiat incrementis. Per Dominum nostrum Jesum Christum, etc.

℟. Amen.

℣. Domine, exaudi orationem meam.

℟. Et clamor meus ad te veniat.

℣. Benedicamus Domino.

℟. Deo gratias.

Père ; permettez que, par son intercession, elle ne manque jamais de secours temporels, et qu'elle fasse toujours des progrès par des accroissements spirituels. Par notre Seigneur Jésus-Christ, etc.

℟. Ainsi soit-il.

℣. Seigneur, écoutez ma prière.

℟. Et que mes cris s'élèvent jusqu'à vous.

℣. Bénissons le Seigneur.

℟. Rendons grâces à Dieu.

ANTIENNE

A LA SAINTE VIERGE.

SALVE, Regina, mater misericordiæ, vita, dulcedo, et spes nostra, salve. Ad te clamamus, exules filii Evæ ; ad te suspiramus, gementes et flentes in hac lacrymarum valle. Eia ergo, advocata nostra, illos tuos misericordes oculos ad nos converte ; et Jesum benedictum fructum ventris tui nobis post hoc exilium osten-

SALUT, ô Reine, mère de miséricorde, notre vie, notre douceur, notre espérance ; salut ! Enfants d'Ève, exilés, nous élevons nos cris vers vous ; vers vous nous soupirons, gémissant et pleurant dans cette vallée de larmes. De grâce, ô notre avocate, tournez vers nous vos regards miséricordieux ; et après cet exil, montrez-nous Jésus, le fruit béni de vos entrailles, ô clémente,

de, o clemens, o pia, o dulcis Virgo Maria !

ẙ. Ora pro nobis, sancta Dei Genitrix.

ɞ. Ut digni efficiamur promissionibus Christi.

ô douce, ô tendre Vierge Marie !

ẙ. Priez pour nous, sainte Mère de Dieu.

ɞ. Afin que nous devenions dignes des promesses de Jésus-Christ.

OREMUS.

Omnipotens sempiterne Deus, qui gloriosæ Virginis Matris Mariæ corpus et animam ut dignum Filii tui habitaculum effici mereretur, Spiritu Sancto cooperante, præparasti ; da ut cujus commemoratione lætamur, ejus pia intercessione ab instantibus malis, et a morte perpetua liberemur. Per eumdem Christum Dominum nostrum.

ɞ. Amen.

PRIONS.

Dieu tout-puissant et éternel, qui, par la coopération du Saint-Esprit, avez préparé le corps et l'âme de la glorieuse Vierge Marie, pour en faire une demeure digne de votre Fils ; faites que celle dont nous célébrons avec joie la mémoire, nous délivre par son intercession sainte des maux présents, et de la mort éternelle. Par le même Jésus-Christ notre Seigneur.

ɞ. Ainsi soit-il.

OFFICE
DES MORTS.

— ∾ —

A VÊPRES.

PSAUME 114.

Dilexi, quoniam exaudiet Dominus * vocem orationis meæ ;

Quia inclinavit aurem suam mihi : * et in diebus meis invocabo.

Circumdederunt me dolores mortis ; * et pericula inferni invenerunt me.

Tribulationem et dolorem inveni ; * et nomen Domini invocavi.

O Domine, libera animam meam : * misericors Dominus, et justus, et Deus noster miseretur.

Custodiens parvulos Dominus : * humiliatus sum, et liberavit me.

Convertere, anima

J'aime, parce que le Seigneur a écouté la voix de ma prière ;

Il a incliné vers moi son oreille ; je l'invoquerai tous les jours de ma vie.

Les douleurs de la mort m'ont environné ; les angoisses de l'enfer m'ont investi.

Je n'ai trouvé que tribulation et douleur, alors j'ai imploré le nom du Seigneur.

O Seigneur, délivrez mon âme ; le Seigneur est juste et miséricordieux ; notre Dieu aime à pardonner.

Le Seigneur veille sur les petits ; j'étais dans l'humiliation, et il m'a relevé.

O mon âme, entre dans

mea, in requiem tuam, * quia Dominus beneficit tibi.

Quia eripuit animam meam de morte : * oculos meos a lacrymis, pedes meos a lapsu.

Placebo Domino * in regione vivorum.

ton repos, puisque le Seigneur t'a fait miséricorde.

Le Seigneur a délivré mon âme de la mort, mes yeux des larmes, et mes pieds de toute chute.

Je plairai au Seigneur dans la terre des vivants.

A la fin de chaque Psaume, on dit :

Requiem æternam dona eis, Domine : * et lux perpetua luceat eis.

Ant. Placebo Domino in regione vivorum.

Donnez-leur, Seigneur, le repos éternel ; et que la lumière éternelle luise à leurs yeux.

Ant. Je plairai au Seigneur dans la terre des vivants.

PSAUME 119.

Ad Dominum, quum tribularer, clamavi ; * et exaudivit me.

Domine, libera animam meam a labiis iniquis, * et a lingua dolosa.

Quid detur tibi, aut quid apponatur tibi, * ad linguam dolosam ?

Sagittæ potentis acutæ, * cum carbonibus desolatoriis.

Heu mihi, quia inco-

Lorsque j'étais dans l'angoisse, j'ai crié vers le Seigneur, et il m'a exaucé.

Seigneur, délivrez mon âme des lèvres du méchant, et de la langue du fourbe.

Que te sera-t-il donné ? que te reviendra-t-il, langue mensongère ?

Le puissant te percera de flèches aiguës, dévorantes comme des charbons enflammés.

Malheur à moi, car mon

latus meus prolongatus est; * habitavi cum habitantibus Cedar, multum incola fuit anima mea.

Cum his qui oderunt pacem, eram pacificus; * quum loquebar illis, impugnabant me gratis.

Requiem æternam, etc.

Ant. Heu mihi : quia incolatus meus prolongatus est.

exil a été bien long ! J'ai habité sous les tentes de Cédar; combien mon âme s'y est trouvée étrangère !

J'étais pacifique avec ceux qui haïssent la paix ; quand je leur parlais, ils m'outrageaient sans motifs.

Donnez - leur, Seigneur, etc.

Ant. Malheur à moi ! combien a été long mon pèlerinage !

PSAUME 120.

LEVAVI oculos meos in montes, * unde veniet auxilium mihi.

Auxilium meum a Domino , * qui fecit cœlum et terram.

Non det in commotionem pedem tuum; * neque dormitet qui custodit te.

Ecce non dormitabit, neque dormiet, * qui custodit Israel.

Dominus custodit te , Dominus protectio tua;* super manum dexteram tuam.

Per diem sol non uret

J'AI levé les yeux vers les hauteurs ; c'est de là que me viendra le secours.

Mon secours est dans le Seigneur, qui a créé le ciel et la terre.

Ah ! qu'il ne laisse pas ton pied heurter dans le chemin; qu'il ne s'endorme pas, celui qui te sert de guide.

Non, il ne dormira pas, il ne s'assoupira point, celui qui veille sur Israël.

Le Seigneur te conduit, le Seigneur te protége ; il couvre ta droite de son ombre.

Pendant le jour, le soleil

te, * neque luna per noctem.

ne te brûlera point; la lune te nuira point pendant la nuit.

Dominus custodit te ab omni malo ; * custodit animam tuam Dominus.

Le Seigneur te préservera de tout mal : il sera le gardien de ton âme.

Dominus custodiat introitum tuum et exitum tuum, * ex hoc nunc et usque in sæculum.

Le Seigneur favorisera ton entrée et ta sortie, dès maintenant et à toujours.

Requiem æternam, etc.

Donnez-leur, Seigneur, etc.

Ant. Dominus custodit te ab omni malo : custodiat animam tuam Dominus.

Ant. Le Seigneur vous préserve de tout mal ; il sera le gardien de votre âme.

PSAUME 129.

DE profundis clamavi ad te, Domine : * Domine, exaudi vocem meam.

DU fond de l'abîme j'ai crié vers vous, Seigneur : Seigneur, écoutez ma voix.

Fiant aures tuæ intendentes * in vocem deprecationis meæ.

Que vos oreilles soient attentives aux cris de ma prière.

Si iniquitates observaveris, Domine, * Domine, quis sustinebit?

Si vous tenez un compte soigneux de nos iniquités, Seigneur, Seigneur, qui subsistera devant vous?

Quia apud te propitiatio est ; * et propter legem tuam sustinui te, Domine.

Mais le pardon est en vous ; et, à cause de votre loi, je vous ai attendu, Seigneur.

Sustinuit anima mea in verbo ejus : * speravit anima mea in Domino.

Mon âme s'est soutenue par votre parole : mon âme a espéré en Jéhovah.

A custodia matutina usque ad noctem, * speret Israel in Domino.

Depuis l'aurore jusqu'à la nuit, qu'Israël espère en Jéhovah.

Quia apud Dominum misericordia, * et copiosa apud eum redemptio.

Car la miséricorde du Seigneur est grande, et sa rédemption est infinie.

Et ipse redimet Israel * ex omnibus iniquitatibus ejus.

Et lui-même il viendra racheter Israël de toutes ses iniquités.

Requiem æternam, etc.

Donnez-leur, Seigneur, etc.

Ant. Si iniquitates observaveris, Domine : Domine, quis sustinebit ?

Ant. Si vous tenez un compte soigneux de nos iniqnités, Seigneur, Seigneur, qui subsistera devant vous ?

PSAUME 137.

Confitebor tibi, Domine, in toto corde meo, * quoniam audisti verba oris mei.

Je vous louerai, Seigneur, dans toute la plénitude de mon cœur, parce que vous avez écouté les paroles de ma bouche.

In conspectu Angelorum psallam tibi : * adorabo ad templum sanctum tuum, et confitebor nomini tuo.

Je vous célèbrerai en présence des Anges ; je vous adorerai dans votre saint temple, et je confesserai votre nom.

Super misericordia tua, et veritate tua, * quoniam magnificasti super omne nomen sanctum tuum.

Je publierai votre miséricorde et votre vérité, parce que vous avez fait éclater par-dessus tout la sainteté de votre nom.

In quacumque die invocavero te, exaudi me :*

A quelque jour que je vous invoque, exaucez-moi,

multiplicabis in anima mea virtutem.

Confiteantur tibi, Domine, omnes reges terræ : * quia audierunt omnia verba oris tui.

Et cantent in viis Domini, * quoniam magna est gloria Domini.

Quoniam excelsus Dominus, et humilia respicit, * et alta a longe cognoscit.

Si ambulavero in medio tribulationis, vivificabis me ; * et super iram inimicorum meorum extendisti manum tuam, et salvum me fecit dextera tua.

Dominus retribuet pro me ; Domine, misericordia tua in sæculum : * opera manuum tuarum ne despicias.

Requiem æternam, etc.

Ant. Opera manuum tuarum, Domine, ne despicias.

Seigneur ; et vous multiplierez les forces de mon âme.

Que tous les rois de la terre vous rendent hommage, Seigneur, lorsqu'ils entendront les oracles de votre bouche.

Qu'ils marchent dans les voies du Seigneur ; qu'ils chantent les merveilles de sa gloire.

Du haut de son trône, le Seigneur abaisse ses yeux sur l'humble et regarde de loin le superbe.

Si je marche au milieu des tribulations, vous me ranimerez ; vous étendrez votre main sur la fureur de mes ennemis, et votre droite me sauvera.

Le Seigneur combattra pour moi ; Seigneur, votre miséricorde est éternelle ; ne dédaignez pas l'ouvrage de vos mains.

Donnez-leur, Seigneur, etc.

Ant. Seigneur, ne dédaignez pas l'ouvrage de vos mains.

CANTIQUE DE LA SAINTE VIERGE. *Luc.* 1.

Magnificat * anima mea Dominum.

Et exultavit spiritus meus * in Deo salutari meo.

Quia respexit humilitatem ancillæ suæ : * ecce enim ex hoc beatam me dicent omnes generationes.

Quia fecit mihi magna qui potens est, * et sanctum nomen ejus.

Et misericordia ejus a progenie in progenies,* timentibus eum.

Fecit potentiam in brachio suo ; * dispersit superbos mente cordis sui.

Deposuit potentes de sede , * et exaltavit humiles.

Esurientes implevit bonis, * et divites dimisit inanes.

Suscepit Israel puerum suum, * recordatus misericordiæ suæ.

Sicut locutus est ad patres nostros ; * Abra-

Mon âme glorifie le Seigneur.

Et mon esprit a tressailli d'allégresse dans le Dieu mon salut.

Parce qu'il a jeté les yeux sur l'humilité de sa servante ; et voici que désormais toutes les générations me proclameront heureuse ;

Car il a fait pour moi de grandes choses, Celui qui est puissant, et son nom est saint.

Sa miséricorde s'étend , de génération en génération, sur ceux qui le craignent.

Il a déployé la force de son bras ; il a dissipé les orgueilleux dans les pensées de leur cœur.

Il a renversé les puissants de leurs trônes, et il a élevé les humbles.

Il a rempli de biens ceux avaient faim : et il a renvoyé les riches les mains vides.

Se souvenant de sa miséricorde, il a pris dans ses bras Israël, son serviteur.

Ainsi l'avait-il promis à nos pères, à Abraham, et

ham et semini ejus in sæcula.

à sa postérité dans tous les âges.

Requiem æternam, etc.

Donnez-leur, Seigneur, etc.

Ant. Audivi vocem de cœlo dicentem mihi : Beati mortui, qui in Domino moriuntur.

Ant. J'ai entendu du Ciel une voix qui me criait : Heureux ceux qui meurent dans le Seigneur.

Pater noster, etc.

Notre Père, etc.

PSAUME 145.

LAUDA, anima mea, Dominum ; laudabo Dominum in vita mea, * psallam Deo meo quamdiu fuero.

LOUE le Seigneur, ô mon âme ! je louerai le Seigneur tant que je vivrai ; tant que je respirerai, je veux chanter mon Dieu.

Nolite. confidere in principibus, * in filiis hominum, in quibus non est salus.

Ne vous confiez ni aux princes ni aux enfants des hommes ; ce n'est pas d'eux que vient le salut.

Exibit spiritus ejus, et revertetur in terram suam ; * in illa die peribunt omnes cogitationes eorum.

Leur souffle se dissipera ; ils retourneront à la terre ; et, dans ce jour-là, toutes leurs pensées s'évanouiront.

Beatus, cujus Deus Jacob adjutor ejus, spes ejus in Domino Deo ipsius, * qui fecit cœlum, et terram, mare et omnia, quæ in eis sunt.

Heureux l'homme dont le Dieu de Jacob est le soutien, dont l'espérance est dans le Seigneur son Dieu, qui a fait le ciel, la terre, la mer, et tout ce qu'ils renferment.

Qui custodit veritatem in sæculum, facit judicium injuriam patienti-

Le Seigneur est l'éternel gardien de la vérité, il rend justice à ceux que l'on op-

bus, * dat escam esurientibus.

Dominus solvit compeditos; * Dominus illuminat cæcos.

Dominus erigit elisos ; * Dominus diligit justos.

Dominus custodit advenas, pupillum, et viduam suscipiet , * et vias peccatorum disperdet.

Regnabit Dominus in sæcula , Deus tuus, Sion, * in generationem, et generationem.

Requiem æternam , etc.

℣. A porta inferi

℟. Erue, Domine, animas eorum.

℣. Domine, exaudi orationem meam.

℟. Et clamor meus ad te veniat.

prime; il donne la nourriture à ceux qui ont faim.

Le Seigneur délie les captifs ; le Seigneur illumine les aveugles.

Le Seigneur relève les blessés ; le Seigneur chérit les justes.

Le Seigneur est le guide de l'étranger, le père de l'orphelin , l'époux de la veuve, il confondra la voie des pécheurs.

Le Seigneur régnera dans tous les âges ; ton Dieu , ô Sion , est le Dieu de l'éternité.

Donnez-leur, Seigneur, etc.

℣. De la porte des enfers

℟. Seigneur, arrachez leurs âmes.

℣. Seigneur, écoutez ma prière.

℟. Et que mes cris s'élèvent jusqu'à vous.

Pour les Bienfaiteurs.

OREMUS.

Deus, veniæ largitor, et humanæ salutis auctor; quæsumus clementiam tuam, ut nostræ Congregationis Fratres, Sorores, familiares, et

PRIONS.

O Dieu, qui pardonnez aux pécheurs, et qui êtes l'auteur du salut des hommes, nous supplions votre miséricorde, par l'intercession de la Bienheureuse Ma-

benefactores, qui ex hoc sæculo transierunt, Beata Maria semper virgine intercedente, cum omnibus Sanctis tuis, ad perpetuæ beatitudinis consortium pervenire concedas.

rie toujours vierge et de tous vos Saints, de faire arriver à la béatitude éternelle les Frères, les Sœurs, la famille et les bienfaiteurs de notre Congrégation qui sont sortis de ce monde.

Pour les Parents.

Deus, qui nos patrem et matrem honorare præcepisti, miserere clementer animabus parentum nostrorum, eorumque peccata dimitte, nosque eos in æternæ claritatis gaudio fac videre.

O Dieu, qui nous avez fait un précepte d'honorer notre père et notre mère, dans votre clémence ayez pitié des âmes de nos parents, remettez leurs péchés, et faites que nous les voyions un jour dans la joie de la lumière éternelle.

Pour tous les Morts.

Fidelium, Deus, omnium conditor et redemptor, animabus famulorum famularumque tuarum remissionem cunctorum tribue peccatorum : ut indulgentiam, quam semper optaverunt, piis supplicationibus consequantur. Qui vivis et regnas cum Deo Patre, in unitate Spiritus Sancti Deus, per omnia sæcula sæculorum.

O Dieu, qui êtes le créateur et le rédempteur de tous les fidèles, accordez aux âmes de vos serviteurs et de vos servantes la rémission de tous leurs péchés; afin qu'elles obtiennent par les très-humbles prières de votre Église le pardon qu'elles ont toujours attendu de votre miséricorde. Vous qui étant Dieu vivez et régnez avec Dieu le Père, dans l'unité du Saint-Esprit, dans tous les siècles des siècles.

℞. Amen.

℞. Ainsi soit-il.

℣. Requiescant in pace.

℣.Qu'ils reposent en paix.

℟. Amen.

℟. Ainsi soit-il.

Pour un Pontife ou pour un Prêtre.

OREMUS.

Deus, qui inter apostolicos sacerdotes, famulum tuum pontificali (*vel* sacerdotali) fecisti dignitate vigere, præsta, quæsumus, ut eorum quoque perpetuo aggregetur consortio.

PRIONS.

O Dieu, qui, parmi vos saints prêtres, avez élevé votre serviteur *N.* à la dignité pontificale (*ou* sacerdotale), faites, nous vous en supplions, qu'il partage aussi leur sort pendant l'éternité.

Pour un Défunt.

Inclina, Domine, aurem tuam ad preces nostras quibus misericordiam tuam supplices deprecamur : ut animam famuli tui, quam de hoc sæculo migrare jussisti, in pacis ac lucis regione constituas, et Sanctorum jubeas esse consortem.

Seigneur, prêtez l'oreille aux prières que nous vous adressons pour conjurer humblement votre miséricorde de placer dans le lieu de la paix et de la lumière l'âme de votre serviteur *N.*, que vous avez fait sortir de ce monde, et d'ordonner qu'elle soit associée à la gloire de vos Saints.

Pour une Défunte.

Quæsumus, Domine, pro tua pietate, miserere animæ famulæ tuæ : et a contagiis mortalitatis exutam, in æternæ salvationis partem restitue.

Seigneur infiniment bon, nous vous supplions d'avoir pitié de l'âme de votre servante *N.*, afin que, délivrée de la corruption de la vie présente, elle participe au salut éternel.

Pour l'Anniversaire.

Deus, indulgentiarum Domine, da animabus famulorum famularumque tuarum, quorum anniversarium depositionis diem commemoramus, refrigerii sedem, quietis beatitudinem, et luminis claritatem. Per Christum Dominum nostrum.

℞. Amen.

Seigneur Dieu des miséricordes, accordez à l'âme de vos serviteurs et de vos servantes, dont nous célébrons l'anniversaire, le lieu du rafraîchissement, le bonheur du repos et l'éclat de la lumière. Par Jésus-Christ notre Seigneur.

℞. Ainsi soit-il.

A MATINES.

Au premier Nocturne.

PSAUME 5.

Verba mea auribus percipe, Domine; * intellige clamorem meum.

Intende voci orationis meæ, * Rex meus et Deus meus;

Quoniam ad te orabo, Domine; * mane exaudies vocem meam.

Mane astabo tibi, et videbo: * quoniam non Deus volens iniquitatem tu es.

Neque habitabit juxta te malignus, * neque

Seigneur, prêtez l'oreille à mes plaintes; écoutez mes cris d'angoisse.

Soyez attentif à la voix de ma prière, ô mon Dieu et mon roi!

Seigneur, je vous prierai dès le matin, et vous exaucerez mes vœux.

Dès le matin, je me présenterai devant vous, et j'attendrai; car vous êtes, ô mon Dieu, l'ennemi de l'iniquité.

Le méchant n'habitera pas près de vous; l'impie ne

permanebunt injusti ante oculos tuos.

soutiendra pas la puissance de vos regards.

Odisti omnes qui operantur iniquitatem ; * perdes omnes qui loquuntur mendacium.

Vous haïssez les artisans d'iniquité ; vous perdrez ceux qui profèrent le mensonge.

Virum sanguinem et dolosum abominabitur Dominus : * ego autem in multitudine misericordiæ tuæ

Vous avez en horreur le fourbe et l'homme sanguinaire : pour moi, sous l'asile de vos immenses miséricordes,

Introibo in domum tuam ; * adorabo ad templum sanctum tuum in timore tuo.

J'entrerai dans votre demeure ; je vous adorerai avec tremblement dans votre sanctuaire.

Domine, deduc me in justitia tua ; * propter inimicos meos dirige in conspectu tuo viam meam ;

Conduisez-moi, Seigneur, dans votre justice ; dirigez mes pas dans vos sentiers, pour confondre mes ennemis.

Quoniam non est in ore eorum veritas ; * cor eorum vanum est.

Car la vérité n'est point sur leurs lèvres ; leur cœur est un abîme.

Sepulcrum patens est guttur eorum : linguis suis dolose agebant : * judica illos, Deus.

Leur bouche est un sépulcre béant ; leur langue est pleine d'artifice ; jugez-les, ô mon Dieu.

Decidant a cogitationibus suis ; secundum multitudinem impietatum eorum expelle eos, * quoniam irritaverunt te, Domine.

Qu'ils soient précipités du haut de leur orgueil : rejetez-les à cause du nombre de leurs crimes ; c'est vous qu'ils ont outragé, Seigneur.

Et lætentur omnes qui sperant in te ; * in

Mais qu'ils se réjouissent tous ceux qui espèrent en

æternum exultabunt; et habitabis in eis.

vous; ils vous loueront éternellement, et vous habiterez au milieu d'eux.

Et gloriabuntur in te omnes qui diligunt nomen tuum,*quoniam tu benedices justo.

Tous ceux qui chérissent votre nom seront glorifiés en vous, parce que vous bénissez le juste.

Domine, ut scuto bonæ voluntatis tuæ,* coronasti nos.

Seigneur, vous nous avez couverts de votre amour comme d'un bouclier.

Requiem æternam, etc.

Donnez-leur, Seigneur, etc.

Ant. Dirige, Domine Deus meus, in conspectu tuo viam*meam.

Ant. Seigneur, mon Dieu, dirigez mes pas en votre présence.

PSAUME 6.

DOMINE, ne in furore tuo arguas me,* neque in ira tua corripias me.

SEIGNEUR, ne me reprenez pas dans votre colère; ne me châtiez pas dans votre fureur.

Miserere mei, Domine, quoniam infirmus sum;* sana me, Domine, quoniam conturbata sunt ossa mea.

Ayez pitié de moi, Seigneur, parce que je suis faible; Seigneur, guérissez-moi, parce que le trouble a pénétré mes os.

Et anima mea turbata est valde:* sed tu, Domine, usquequo?

Mon âme est consternée au dedans de moi: mais vous, Seigneur, jusques à quand me laisserez-vous?...

Convertere, Domine, et eripe animam meam:* salvum me fac propter misericordiam tuam;

Revenez, mon Dieu, et relevez mon âme; sauvez-moi à cause de votre miséricorde;

Quoniam non est in

Car dans la mort qui se

morte qui memor sit tui : * in inferno autem quis confitebitur tibi ?

Laboravi in gemitu meo ; lavabo per singulas noctes lectum meum : * lacrymis meis stratum meum rigabo.

Turbatus est a furore oculus meus ; * inveteravi inter omnes inimicos meos.

Discedite a me, omnes qui operamini iniquitatem ; * quoniam exaudivit Dominus vocem fletus mei.

Exaudivit Dominus deprecationem meam : * Dominus orationem meam suscepit.

Erubescant et conturbentur vehementer omnes inimici mei ; * convertentur et erubescant valde velociter.

Requiem æternam, etc.

Ant. Convertere, Domine, et eripe animam meam ; quoniam non est in morte qui memor sit tui.

souviendra de vous ? Qui publiera vos merveilles dans le sépulcre ?

Je me suis épuisé dans mes gémissements ; chaque nuit, mon lit est baigné de mes pleurs ; ma couche est toujours inondée de mes larmes.

Dans ma douleur, mon œil s'est obscurci, et j'ai vieilli au milieu de mes persécuteurs.

Éloignez-vous de moi, vous tous qui commettez l'iniquité ; car le Seigneur a entendu la voix de mes pleurs.

Le Seigneur a entendu mes gémissements ; le Seigneur a accueilli mes supplications.

Que tous mes ennemis rougissent de honte et soient remplis d'effroi ! qu'ils s'enfuient couverts de confusion !

Donnez-leur, Seigneur, etc.

Ant. Seigneur, tournez-vous vers moi et délivrez mon âme ; car il n'est personne qui dans la mort se souvienne de vous.

PSAUME 7.

Domine Deus meus, in te speravi : * salvum me fac ex omnibus persequentibus me, et libera me;

Nequando rapiat, ut leo, animam meam, * dum non est qui redimat, neque qui salvum faciat.

Domine Deus meus, si feci istud; * si est iniquitas in manibus meis;

Si reddidi retribuentibus mihi mala, * decidam merito ab inimicis meis inanis.

Persequatur inimicus animam meam, et comprehendat, et conculcet in terra vitam meam : * et gloriam meam in pulverem deducat.

Exurge, Domine, in ira tua, * et exaltare in finibus inimicorum meorum.

Et exurge, Domine Deus meus, in præcepto quod mandasti; * et synagoga populorum circumdabit te.

Et propter hanc in al-

Seigneur mon Dieu, j'ai espéré en vous; délivrez-moi de tous mes persécuteurs et sauvez-moi;

De peur que l'ennemi, comme un lion, ne m'arache la vie, quand je n'ai plus ni soutien, ni libérateur.

Seigneur mon Dieu, si j'ai commis le crime dont on m'accuse; si j'ai souillé mes mains d'iniquités;

Si j'ai rendu le mal à ceux qui m'en avaient fait, que je tombe sans défense devant mon ennemi, je l'ai mérité;

Qu'il me poursuive, qu'il me saisisse, qu'il foule aux pieds ma vie, qu'il traîne ma gloire dans la poussière!

Levez-vous, Seigneur, dans votre colère; montrez-vous dans votre grandeur au milieu de vos ennemis.

Levez-vous, Seigneur mon Dieu, exécutez l'arrêt que vous avez porté, et l'assemblée des peuples vous environnera.

Montez devant eux sur

tum regredere : * Dominus judicat populos.

Judica me, Domine, secundum justitiam meam, * et secundum innocentiam meam super me.

Consumetur nequitia peccatorum, et diriges justum, * scrutans corda et renes, Deus.

Justum adjutorium meum a Domino * qui salvos facit rectos corde.

Deus judex justus, fortis et patiens : * numquid irascitur per singulos dies ?

Nisi conversi fueritis, gladium suum vibrabit;* arcum suum tetendit, et paravit illum.

Et in eo paravit vasa mortis ; * sagittas suas ardentibus effecit.

Ecce paturiit injustitiam;* concepit dolorem, et peperit iniquitatem.

Lacum aperuit, et effodit eum ; * et incidit in foveam quam fecit.

votre trône; que le Seigneur juge les nations.

Jugez-moi, Seigneur, selon votre équité; selon mon innocence, jugez-moi.

La malice des pervers se consumera elle-même, et vous affermirez le juste, ô Dieu qui sondez les cœurs et les reins.

Dieu est mon bouclier; c'est lui qui sauve les âmes droites.

Dieu est un juge équitable, fort et patient : sa colère s'allume-t-elle chaque jour?

Si vous ne revenez à Dieu, il brandira son glaive; son arc est tendu, il l'a préparé.

Il a rempli son carquois d'instruments de mort; il fera pleuvoir sur mes ennemis des flèches brûlantes.

Voilà que le méchant a conçu l'injustice; il a été en travail de l'iniquité, et il a enfanté le crime.

Il a ouvert un abîme, il l'a creusé; et il est tombé dans le gouffre qu'il avait préparé.

Convertetur dolor ejus, in caput ejus,* et in verticem ipsius iniquitas ejus descendet.

Confitebor Domino secundum justitiam ejus,* et psallam nomini Domini altissimi.

Requiem æternam, etc.

Ant. Nequando rapiat, ut leo, animam meam, dum non est qui redimat, neque qui salvum faciat.

℣. A porta inferi

℟. Erue, Domine, animas eorum.

Pater noster, etc.

℣. Et ne nos inducas in tentationem.

℟. Sed libera nos a malo.

Sa rage se tournera contre lui-même, et son iniquité retombera sur sa tête.

Moi, je rendrai gloire au Seigneur qui fait justice ; je chanterai sur la lyre le nom du Très-Haut.

Donnez-leur, Seigneur, etc.

Ant. De peur qu'il ne m'arrache la vie, comme un lion, quand je n'ai plus ni soutien ni libérateur.

℣. De la porte des enfers

℟. Arrachez leurs âmes, Seigneur.

Notre Père, etc.

℣. Et ne nous laissez pas succomber à la tentation.

℟. Mais délivrez-nous du mal.

LEÇON I. Job. Chap. 7.

Parce mihi, Domine, nihil enim sunt dies mei. Quid est homo, quia magnificas eum, aut quid apponis erga eum cor tuum? Visitas eum diluculo, et subito probas illum. Usquequo non parcis mihi, nec dimittis me, ut glutiam sali-

Seigneur, épargnez-moi, car mes jours ne sont qu'un néant. Qu'est-ce que l'homme, pour que vous le préconisiez, pour que vous posiez sur lui votre cœur? Vous le visitez dès l'aurore, et dès l'aurore vous l'éprouvez. Jusques à quand ne me pardonnerez-vous pas? Ne me

vam meam? Peccavi : quid faciam tibi, o Custos hominum? Quare posuisti me contrarium tibi, et factus sum mihimetipsi gravis? Cur non tollis peccatum meum, et quare non aufers iniquitatem meam? Ecce nunc in pulvere dormiam : et si mane me quæsieris, non subsistam.

permettrez-vous point de respirer un peu? J'ai péché: que voulez-vous de moi, ô Père de tous les hommes? Pourquoi m'avez-vous posé en hostilité contre vous? Pourquoi me suis-je insupportable à moi-même? Pourquoi n'effacez-vous pas mon péché, et pourquoi ne m'enlevez-vous pas mon iniquité? Voici que je m'en vais dormir dans la poussière, et le matin quand vous me chercherez... je ne serai plus.

℟. Credo quod Redemptor meus vivit, et in novissimo die de terra surrecturus sum : et in carne mea videbo Deum, * Salvatorem meum.

℟. Je crois que mon Rédempteur est vivant, et que je ressusciterai de la terre au dernier jour; et revêtu de ma chair je verrai Dieu, * mon Sauveur.

℣. Quem visurus sum ego ipse, et non alius; et oculi mei conspecturi sunt. * Salvatorem meum.

℣. Oui, je le verrai moi-même, ce sera moi et non un autre; et mes yeux le contempleront. * Je verrai mon Sauveur.

LEÇON II. *Job. Chap.* 10.

Tædet animam meam vitæ meæ : dimittam adversum me eloquium meum. Loquar in amaritudine animæ meæ; dicam Deo : Noli me

Je m'ennuie de vivre, j'exhalerai ma plainte, je parlerai dans l'amertume de mon cœur; je dirai à Dieu : Ne me condamnez pas; montrez-moi pourquoi vous me

condemnare. Indica mihi, cur me ita judices. Numquid bonum tibi videtur si calumnieris me, et opprimas me opus manuum tuarum, et consilium impiorum adjuves? Numquid oculi carnei tibi sunt, aut sicut videt homo, et tu videbis? Numquid sicut dies hominis dies tui, et anni tui sicut humana sunt tempora, ut quæras iniquitatem meam, et peccatum meum scruteris? Et scias quia nihil impium fecerim, quum sit nemo qui de manu tua possit eruere.

℞. Qui Lazarum ressuscitasti a monumento fœtidum.*Tu eis, Domine, dona requiem et locum indulgentiæ.

℣. Qui venturus es judicare vivos et mortuos, et sæculum per ignem.*Tu eis, Domine.

jugez ainsi. Vous plairiez-vous à m'opprimer, à me dédaigner, moi, l'ouvrage de vos mains? vous plairiez-vous à servir le dessein des impies? Est-ce que vous avez des yeux de chair, ou voyez-vous comme l'homme voit? Vos jours sont-ils comme ses jours, vos années comme ses années, pour que vous vous enquériez de mes fautes, pour que vous me cherchiez des crimes? Vous savez que je n'ai point commis le mal; et d'ailleurs il n'est personne qui puisse me tirer d'entre vos mains.

℞. Vous qui avez fait sortir du tombeau le cadavre déjà corrompu de Lazare. * Seigneur, accordez-leur le repos et un lieu de pardon.

℣. Vous qui devez venir juger les vivants et les morts, et le monde par le feu. * Seigneur, accordez-leur.

LEÇON III. Job. Chap. 10.

Manus tuæ, Domine, fecerunt me, et plasmaverunt me totum in cir-

Vos mains m'ont formé, Seigneur; elles ont façonné toutes les parties de mon

cuitu, et sic repente præcipitas me? Memento, quæso, quod sicut lutum feceris me, et in pulverem reduces me. Nonne sicut lac mulsisti me, et sicut caseum me coagulasti? Pelle et carnibus vestisti me, ossibus et nervis compegisti me. Vitam et misericordiam tribuisti mihi, et visitatio tua custodivit spiritum meum.

℞. Domine, quando veneris judicare terram, ubi me abscondam a vultu iræ tuæ? * Quia peccavi nimis in vita mea.

℣. Commissa mea pavesco, et ante te erubesco; dum veneris judicare, noli me condemnare. * Quia peccavi.

corps, et soudain vous me briseriez ainsi? Souvenez-vous, je vous en prie, que vous m'avez fait d'argile, et que vous me réduirez bientôt en poussière. Ne m'avez-vous pas coulé comme le lait, puis comme lait durci ne m'avez-vous pas affermi? Vous avez revêtu mon corps de chair et de peau, vous l'avez fortifié d'os et de nerfs. Vous m'avez donné la vie, vous m'avez comblé de miséricordes; en me visitant, vous avez gardé mon âme.

℞. Seigneur, quand vous viendrez pour juger la terre, où me cacherai-je loin de vos regards irrités? * Car ma vie a été trop coupable.

℣. Je tremble à la vue des fautes que j'ai commises, et je rougis devant vous; ne me condamnez pas quand vous viendrez pour juger. * Car ma vie.

Au second Nocturne.

PSAUME 22.

DOMINUS regit me, et nihil mihi deerit; * in loco pascuæ ibi me collocavit.

DIEU est mon pasteur: que pourra-t-il me manquer? Il m'a conduit dans ses pâturages.

Super aquam refectionis educavit me; * animam meam convertit.

Il m'a placé près d'une eau vivifiante ; il a ranimé mon cœur.

Deduxit me super semitas justitiæ, * propter nomen suum.

Il m'a guidé parmi les sentiers de sa justice pour la gloire de son nom.

Nam et si ambulavero in medio umbræ mortis, non timebo mala; * quoniam tu mecum es.

Quand je marcherais dans les ombres de la mort, je ne craindrais aucun mal, Seigneur, puisque vous êtes avec moi.

Virga tua et baculus tuus, * ipsa me consolata sunt.

Votre verge même et votre houlette me consolent.

Parasti in conspectu meo mensam, * adversus eos qui tribulant me.

Vous avez préparé pour moi votre festin, à la vue de ceux qui me persécutent.

Impinguasti in oleo caput meum, * et calix meus inebrians quam præclarus est !

Vous avez répandu sur ma tête une huile de parfum. Oh! qu'il est délicieux le calice où je m'enivre !

Et misericordia tua subsequetur me, * omnibus diebus vitæ meæ.

Votre miséricorde me suivra pas à pas tous les jours de ma vie.

Et ut inhabitem in domo Domini, * in longitudinem dierum.

Et par elle j'habiterai dans la maison du Seigneur, pendant la durée des jours éternels.

Requiem æternam, etc.

Donnez-leur, Seigneur, etc.

Ant. In loco pascuæ ibi me collocavit.

Ant. Il m'a conduit dans ses pâturages.

PSAUME 24.

Ad te, Domine, levavi animam meam ; * Deus

J'ai élevé mon âme vers vous, Seigneur ; en vous, ô

meus, in te confido, non erubescam.

Neque irrideant me inimici mei; * etenim universi qui sustinent te, non confundentur.

Confundantur omnes iniqua agentes * supervacue.

Vias tuas, Domine, demonstra mihi, * et semitas tuas edoce me.

Dirige me in veritate tua, et doce me; * quia tu es Deus Salvator meus, et te sustinui tota die.

Reminiscere miserationum tuarum, Domine, * et misericordiarum tuarum quæ a sæculo sunt.

Delicta juventutis meæ * et ignorantias meas ne memineris.

Secundum misericordiam tuam memento mei tu, * propter bonitatem tuam, Domine.

Dulcis et rectus Dominus; * propter hoc legem dabit delinquentibus in via.

mon Dieu, je mets ma confiance : je ne serai pas dans la confusion.

Empêchez que mes ennemis se rient de moi ; non, ils ne seront pas déçus, tous ceux qui espèrent en vous.

Mais que tous ceux-là soient confondus qui commettent l'iniquité !

Montrez-moi vos voies, Seigneur; apprenez-moi vos sentiers.

Dirigez mes pas dans votre vérité; instruisez-moi, parce que vous êtes le Dieu de mon salut, et que je vous ai attendu durant tout le jour.

Souvenez-vous, Seigneur, de vos bontés ; souvenez-vous de vos miséricordes éternelles.

Oubliez les fautes de ma jeunesse, et ne vous rappelez point mes ignorances.

Souvenez-vous de moi, Seigneur, dans votre amour; souvenez-vous de moi dans votre clémence.

Le Seigneur est plein de douceur et d'équité ; il enseignera la loi à ceux qui s'égarent.

Diriget mansuetos in judicio, * docebit mites vias suas.

Universæ viæ Domini misericordia et veritas, * requirentibus testamentum ejus et testimonia ejus.

Propter nomen tuum, Domine, propitiaberis peccato meo; * multum est enim.

Quis est homo qui timet Dominum ? * legem statuit ei in via quam elegit.

Anima ejus in bonis demorabitur, * et semen ejus hæreditabit terram.

Firmamentum est Dominus timentibus eum, * et testamentum ipsius, ut manifestetur illis.

Oculi mei semper ad Dominum, * quoniam ipse evellet de laqueo pedes meos.

Respice in me et miserere mei, * quia unicus et pauper sum ego.

Tribulationes cordis mei multiplicatæ sunt : * de necessitatibus meis erue me.

Il conduira les humbles dans la justice; il enseignera ses voies aux pacifiques.

Toutes les voies de l'Éternel ne sont que pardon et vérité, pour ceux qui recherchent son alliance et ses commandements.

Pour la gloire de votre nom, Seigneur, vous me remettrez mon péché; car il est grand, ô mon Dieu !

Quel est l'homme qui craint le Seigneur? Le Seigneur lui tracera la loi et le sentier qu'il doit suivre.

Son âme se réjouira dans la paix et dans l'abondance : et sa race aura la terre en héritage.

Le Seigneur est l'appui de ceux qui le craignent, c'est ainsi qu'il leur manifeste son alliance.

Mes yeux seront toujours élevés vers le Seigneur; il dégagera mes pieds des piéges qui m'environnent.

Regardez-moi, Seigneur, et ayez pitié de moi; car je suis seul et pauvre.

Les afflictions de mon cœur se sont multipliées; délivrez - moi de mes angoisses.

Vide humilitatem meam et laborem meum ; * et dimitte universa delicta mea.

Voyez mon humiliation et ma douleur ; pardonnez-moi tous mes péchés.

Respice inimicos meos, quoniam multiplicati sunt, * et odio iniquo oderunt me.

Considérez la multitude de mes ennemis, et la haine violente dont ils me haïssent.

Custodi animam meam et erue me ; * non erubescam, quoniam speravi in te.

Veillez sur mon âme, et préservez-moi ; je ne serai point confondu, Seigneur, après avoir espéré en vous.

Innocentes et recti adhæserunt mihi, * quia sustinui te.

Tous les justes et les innocents s'attacheront à ma cause, parce que je vous ai attendu.

Libera, Deus, Israel * ex omnibus tribulationibus suis.

O mon Dieu, délivrez Israël de toutes ses tribulations.

Requiem æternam, etc.

Donnez - leur, Seigneur, etc.

Ant. Delicta juventutis meæ et ignorantias meas ne memineris, Domine.

Ant. Oubliez les fautes de ma jeunesse, et ne vous rappelez point mes ignorances.

PSAUME 26.

Dominus illuminatio mea, et salus mea : * quem timebo ?

Le Seigneur est ma lumière et mon salut ; qui donc craindrai-je ?

Dominus protector vitæ meæ : * a quo trepidabo ?

Le Seigneur est le protecteur de ma vie ; qui donc me fera trembler ?

Dum appropiant super me nocentes, * ut edant carnes meas.

Mes ennemis se précipitaient sur moi pour me dévorer vivant.

Qui tribulant me inimici mei ; * ipsi infirmati sunt, et ceciderunt.

Ils ont chancelé, ils sont tombés mes ennemis.

Si consistant adversum me castra, * non timebit cor meum.

Quand leurs armées camperaient autour de moi, mon cœur serait sans trouble.

Si exurgat adversum me prædium, * in hoc ego sperabo.

Quand le combat s'élèverait contre moi, en cela même je bondirais d'espérance.

Unam petii a Domino, hanc requiram : * ut inhabitem in domo Domini omnibus diebus vitæ meæ,

J'ai demandé une grâce au Très-Haut, et je ne cesserai de l'implorer : c'est d'habiter dans la maison du Seigneur tous les jours de ma vie,

Ut videam voluptatem Domini, * et visitem templum ejus.

Pour y contempler les délices du Seigneur, pour visiter son sanctuaire.

Quoniam abscondit me in tabernaculo suo : * in die malorum protexit me in abscondito tabernaculi sui.

Il m'a caché dans sa tente : au jour de l'adversité, il m'a reçu dans le secret de son tabernacle.

In petra exaltavit me ; * et nunc exaltavit caput meum super inimicos meos.

Il m'a établi sur un roc ; aujourd'hui même il a élevé ma tête au-dessus de mes ennemis.

Circuivi, et immolavi in tabernaculo ejus hostiam vociferationis : * cantabo, et psalmum dicam Domino.

J'ai marché autour de son autel, et j'ai offert dans son tabernacle un sacrifice de louange ; je chanterai, je dirai un hymne au Seigneur.

Exaudi, Domine, vocem meam, qua clamavi ad te : * miserere mei, et exaudi me.

Seigneur, écoutez ma voix et mes cris ; ayez pitié de moi, exaucez-moi.

Tibi dixit cor meum, exquisivit te facies mea ; * faciem tuam, Domine, requiram.

Mon cœur vous a parlé, mes yeux vous ont cherché : Seigneur, je désire vous contempler.

Ne avertas faciem tuam a me : * ne declines in ira a servo tuo.

Ne détournez pas de moi votre face ; et, dans votre colère, ne vous éloignez pas de votre serviteur.

Adjutor meus esto ; * ne derelinquas me, neque despicias me, Deus salutaris meus.

Soyez mon soutien ; ne me délaissez point, ne me méprisez pas, ô Dieu mon Sauveur !

Quoniam pater meus et mater mea dereliquerunt me ; * Dominus autem assumpsit me.

Mon père et ma mère m'ont abandonné, mais le Seigneur m'a recueilli.

Legem pone mihi, Domine, in via tua, * et dirige me in semitam rectam propter inimicos meos.

Montrez-moi, Seigneur, les sentiers que je dois suivre ; et, pour confondre mes ennemis, dirigez-moi vous-même dans la voie droite.

Ne tradideris me in animas tribulantium me ; * quoniam insurrexerunt in me testes iniqui, et mentita est iniquitas sibi.

Ne me livrez pas à la rage de mes persécuteurs ; car il s'est élevé contre moi d'indignes témoins, et l'iniquité s'est mentie à elle-même.

Credo videre bona Domini * in terra viventium.

Oui, j'en suis sûr, je verrai les biens du Seigneur ; je les verrai dans la terre des vivants.

Expecta Dominum, viriliter age, * et confortetur cor tuum; et sustine Dominum.

Requiem æternam, etc.

Ant. Credo videre bona Domini in terra viventium.

℣. In memoria æterna erunt justi.

℟. Ab auditione mala non timebunt.

Pater noster, etc.

℣. Et ne nos inducas in tentationem.

℟. Sed libera nos a malo.

Attends donc le Seigneur, ô mon âme; arme-toi de force; affermis-toi, ô mon cœur, et attends le Seigneur.

Donnez-leur, Seigneur, etc.

Ant. Oui, j'en suis sûr, je verrai les biens du Seigneur dans la terre des vivants.

℣. La mémoire des justes sera éternelle.

℟. Ils ne craindront pas la voix des méchants.

Notre Père, etc.

℣. Et ne nous induisez pas en tentation.

℟. Mais délivrez-nous du mal.

LEÇON IV. Job. Chap. 13.

Responde mihi: quantas habeo iniquitates et peccata? Scelera mea et delicta ostende mihi. Cur faciem tuam abscondis, et arbitraris me inimicum tuum? Contra folium quod vento rapitur, ostendis potentiam tuam, et stipulam siccam persequeris. Scribis enim contra me amaritudines, et consumere me vis peccatis adole-

Répondez-moi, Seigneur, quelles sont mes iniquités et mes prévarications? Montrez-moi mes crimes et mes fautes. Pourquoi me voiler votre visage? Pourquoi me traiter en ennemi? Déploierez-vous votre puissance contre une feuille qu'emporte le vent? Poursuivrez-vous une paille sèche? Vos arrêts contre moi sont bien amers, et vous m'éprouvez cruellement pour les péchés

scentiæ meæ. Posuisti in nervo pedem meum, et observasti omnes semitas meas, et vestigia pedum meorum considerasti. Qui quasi putredo consumendus sum, et quasi vestimentum quod comeditur a tinea.

℟. Heu mihi, Domine, quia peccavi nimis in vita mea. Quid faciam miser, ubi fugiam, nisi ad te, Deus meus? Miserere mei, dum veneris, * In novissimo die.

℣. Anima mea turbata est valde, sed tu, Domine, succurre ei.
* In novissimo die.

de ma jeunesse. Vous avez mis mes pieds aux entraves; vous avez observé tous mes sentiers, et vous avez suivi toutes mes traces. Bientôt je ne serai plus qu'un bois vermoulu, qu'un vêtement rongé des vers.

℟. Malheur à moi, Seigneur, parce que ma vie a été trop coupable! Que ferai-je, malheureux? Où me réfugierai-je, sinon vers vous, mon Dieu? Ayez pitié de moi, lorsque vous viendrez, * Au dernier jour.

℣. Mon âme est toute troublée, mais vous, Seigneur, secourez-la.
* Au dernier jour.

LEÇON V. Job. Chap. 14.

Homo natus de muliere, brevi vivens tempore, repletur multis miseriis. Qui quasi flos egreditur et conteritur, et fugit velut umbra, et nunquam in eodem statu permanet. Et dignum ducis super hujuscemodi aperire oculos tuos, et adducere eum tecum in judicium? Quis potest

L'homme né de la femme vit peu de jours, et il est rempli de beaucoup de misères. Il s'élève comme la fleur, et il est foulé; il fuit comme l'ombre, et ne s'arrête jamais. Est-il digne de vous, Seigneur, de regarder ce je ne sais quoi, et de l'appeler en jugement avec vous? Qui peut rendre pur ce qui a été conçu d'une

facere mundum de immundo conceptum semine? Nonne tu qui solus es? Breves dies hominis sunt; numerus mensium ejus apud te est; constituisti terminos ejus, qui præteriri non poterunt. Recede paululum ab eo, ut quiescat, donec optata veniat, sicut mercenarii dies ejus.

℟. Ne recorderis peccata mea, Domine, * Dum veneris judicare sæculum per ignem.

℣. Dirige, Domine, * Deus meus, in conspectu tuo viam meam. * Dum veneris.

source impure? N'est-ce pas vous seul? Les jours de l'homme sont courts; vous avez déterminé le nombre de ses mois, et vous leur avez marqué des limites qu'ils ne franchiront point. Retirez-vous de lui, afin qu'il se repose un peu, jusqu'à l'heure tant souhaitée, où il aura fini sa journée comme le mercenaire.

℟. Ne vous souvenez pas de mes fautes, Seigneur, * Lorsque vous viendrez juger le monde par le feu.

℣. Dirigez, Seigneur mon Dieu, mes pas en votre présence. * Lorsque vous viendrez.

LEÇON VI. Job. Chap. 14.

Quis mihi hoc tribuat, ut in inferno protegas me, et abscondas me donec pertranseat furor tuus, et constituas mihi tempus in quo recorderis mei? Putas ne mortuus homo rursum vivat? Cunctis diebus quibus nunc milito, expecto donec veniat immutatio mea. Vocabis me, et ego

Qui me donnera, Seigneur, que vous m'abritiez sous vos ailes, et que vous me cachiez dans le tombeau, jusqu'à ce que votre colère ait passé? Qui me donnera que vous me fixiez un terme où vous vous souviendrez de moi? Pensez-vous qu'une fois mort, l'homme puisse revivre? Tous les jours de mon combat j'attendrai que

respondebo tibi : operi manuum tuarum porriges dexteram. Tu quidem gressus meos dinumerasti ; sed parce peccatis meis.

mon changement vienne. Vous m'appellerez, et je vous répondrai, Seigneur ; vous tendrez votre droite à l'ouvrage de vos mains. Vous avez compté mes pas, mais pardonnez - moi mes péchés.

℟. Domine, secundum actum meum noli me judicare ; nihil dignum in conspectu tuo egi. * Ideo deprecor majestatem tuam, ut tu, Deus, deleas iniquitatem meam.

℟. Seigneur, ne me jugez point selon mes actions ; je n'ai rien fait qui soit digne de paraître devant vous. * C'est pourquoi je prie votre majesté pour que vous, mon Dieu, vous détruisiez mon iniquité.

℣. Amplius lava me, Domine, ab injustitia mea, et a delicto meo munda me, quia tibi soli peccavi. * Ideo deprecor.

℣. Seigneur, lavez-moi de plus en plus de mes injustices, et purifiez-moi de mon péché, car c'est vous seul que j'ai offensé. * C'est pourquoi je prie.

Au troisième Nocturne.

PSAUME 39.

EXPECTANS, expectavi Dominum, * et intendit mihi.

J'AI attendu le Seigneur, je l'ai attendu ; et il a tourné ses regards vers moi.

Et exaudivit preces meas, * et eduxit me de lacu miseriæ et de luto fæcis.

Il a exaucé mes prières ; il m'a retiré de l'abîme des misères et du milieu de la fange.

Et statuit supra petram pedes meos, * et direxit gressus meos.

Il a affermi mes pieds sur le rocher ; lui - même a dirigé mes pas.

Et immisit in os meum canticum novum, * carmen Deo nostro.

Il a mis dans ma bouche un cantique nouveau, un hymne en l'honneur de notre Dieu.

Videbunt multi, et timebunt, * et sperabunt in Domino.

La multitude verra, et elle craindra ; elle espèrera dans le Seigneur.

Beatus vir cujus est nomen Domini spes ejus, * et non respexit in vanitates et insanias falsas.

Heureux l'homme qui met son espérance dans le nom du Seigneur, et qui ne tourne pas les yeux vers les vanités du monde et ses folies menteuses !

Multa fecisti tu, Domine Deus, mirabilia tua ; * et cogitationibus tuis non est qui similis sit tibi.

Seigneur mon Dieu, vous avez opéré bien des merveilles ; qui peut vous égaler dans vos pensées ?

Annuntiavi, et locutus sum : * multiplicati sunt super numerum.

J'ai parlé pour annoncer vos prodiges ; leur nombre est inexprimable.

Sacrificium et oblationem noluisti : * aures autem perfecisti mihi.

Vous avez refusé les offrandes et les sacrifices ; mais vous m'avez formé un corps.

Holocaustum et pro peccato non postulasti ;* tunc dixi : Ecce venio.

Vous ne vous êtes plus contenté d'holocauste pour le péché ; alors je vous ai dit : Voici que je viens.

In capite libri scriptum est de me, ut facerem voluntatem tuam ; Deus meus, volui, * et legem tuam in medio cordis mei.

Il est écrit de moi à la tête de votre livre que j'accomplirai votre volonté ; je m'y suis dévoué, ô mon Dieu, et votre loi est gravée au fond de mon cœur.

Annuntiavi justitiam tuam in ecclesia magna; * ecce labia mea non prohibebo, Domine, tu scisti.

Justitiam tuam non abscondi in corde meo;* veritatem tuam, et salutare tuum dixi.

Non abscondi misericordiam tuam et veritatem tuam * a concilio multo.

Tu autem, Domine, ne longe facias miserationes tuas a me; * misericordia tua et veritas tua semper susceperunt me.

Quoniam circumdederunt me mala quorum non est numerus;* comprehenderunt me iniquitates meæ, et non potui ut viderem.

Multiplicatæ sunt super capillos capitis mei,* et cor meum dereliquit me.

Complaceat tibi, Domine, ut eruas me;* Domine, ad adjuvandum me respice.

Confundantur et revereantur simul qui quæ-

Je proclamerai votre justice dans une grande assemblée; je ne fermerai point mes lèvres, Seigneur, vous le savez.

Je ne cèlerai point votre justice dans mon sein; je publierai votre vérité et le salut qui vient de vous.

Je ne cacherai pas votre clémence et vos promesses devant la multitude des peuples.

Mais vous, Seigneur, n'éloignez pas de moi vos tendresses; votre miséricorde et votre vérité m'ont toujours soutenu.

Des maux sans nombre ont fondu sur moi; mes iniquités m'ont investi, et je n'ai pu en supporter la vue.

Elles se sont multipliées plus que les cheveux de ma tête, et mon cœur a défailli en moi.

Veuillez me délivrer, Seigneur; Seigneur, aidez-moi d'un regard.

Qu'ils soient couverts de honte et d'ignominie ceux

runt animam meam, * ut auferant eam.

qui poursuivent ma vie pour me l'arracher!

Convertantur retrorsum et revereantur, * qui volunt mihi mala.

Qu'ils se retirent chargés d'opprobre, ceux qui s'acharnent sur moi!

Ferant confestim confusionem suam, * qui dicunt mihi : Euge, euge.

Qu'ils soient accablés sous la confusion, ceux qui me crient par dérision : Courage! courage!

Exultent et lætentur super te omnes quærentes te, * et dicant semper, Magnificetur Dominus, qui diligunt salutare tuum.

Mais ceux qui vous cherchent, ô mon Dieu, qu'ils se réjouissent et tressaillent d'allégresse en vous; et que ceux qui chérissent votre salut répètent sans cesse : Gloire au Seigneur!

Ego autem mendicus sum et pauper; * Dominus sollicitus est mei.

Je suis pauvre et délaissé, mais le Seigneur prend soin de moi.

Adjutor meus et protector meus tu es; * Deus meus, ne tardaveris.

Vous êtes mon appui et mon protecteur; ô mon Dieu, ne tardez pas.

Requiem æternam, etc.

Donnez-leur, Seigneur, etc.

Ant. Complaceat tibi, Domine, ut eripias me; Domine, ad adjuvandum me respice.

Ant. Veuillez me délivrer, Seigneur; Seigneur, aidez-moi d'un regard.

PSAUME 40.

BEATUS qui intelligit super egenum et pauperem : * in die mala liberabit eum Dominus.

HEUREUX celui qui veille sur le pauvre et sur l'affligé! Au jour mauvais, le Seigneur le délivrera.

Dominus conservet eum, et vivificet eum,

Le Seigneur le conservera et le vivifiera; il lui

et beatum faciat eum in terra ; * et non tradat eum in animam inimicorum ejus.

Dominus opem ferat illi super lectum doloris ejus ; * universum stratum ejus versasti in infirmitate ejus.

Ego dixi : Domine, miserere meî ; * sana animam meam, quia peccavi tibi.

Inimici mei dixerunt mala mihi : * quando morietur, et peribit nomen ejus?

Et si ingrediebatur ut videret, vana loquebatur ; * cor ejus congregavit iniquitatem sibi.

Egrediebatur foras, * et loquebatur in idipsum.

Adversum me susurrabant omnes inimici mei ; * adversum me cogitabant mala mihi.

Verbum iniquum constituerunt adversum me ; * numquid qui dormit, non adjiciet ut resurgat?

Etenim homo pacis

donnera le bonheur sur la terre ; il ne le livrera point à la fureur de ses ennemis.

Le Seigneur l'assistera sur son lit de douleur ; il retournera la couche de ses infirmités.

J'ai dit : Seigneur, ayez pitié de moi ! guérissez mon âme, car j'ai péché contre vous.

Mes ennemis m'ont outragé dans leurs discours ; ils ont dit : quand donc mourra-t-il ? quand son nom sera-t-il effacé?

Et si l'un d'eux s'approchait de moi, c'était pour me tromper ; il renfermait son iniquité dans son cœur.

S'éloignait-il, il éclatait contre moi.

Tous mes ennemis murmuraient contre moi ; tous conspiraient ma perte.

Ils ont tramé contre ma vie un noir complot ; mais celui qui dort ne pourra-t-il donc se réveiller?

L'homme de ma paix et

meæ, in quo speravi, * qui edebat panes meos, magnificavit super me supplantationem.

Tu autem, Domine, miserere meî, et ressuscita me, * et retribuam eis.

In hoc cognovi quoniam voluisti me, * quoniam non gaudebit inimicus meus super me.

Me autem propter innocentiam suscepisti, * et confirmasti me in conspectu tuo in æternum.

Benedictus Dominus Deus Israel a sæculo, et usque in sæculum : * Fiat, fiat.

Requiem æternam, etc.

Ant. Sana, Domine, animam meam, quia peccavi tibi.

de ma confiance, celui qui partageait mon pain, a insolemment jeté la trahison sur moi.

Mais vous, Seigneur, ayez pitié de moi; ressuscitez-moi, et je les châtierai.

J'ai reconnu à ce signe vos bontés pour moi, parce que vous n'avez pas permis que mon ennemi triomphât de moi.

Vous avez protégé mon innocence; vous m'avez affermi devant vous à jamais.

Béni soit le Seigneur, le Dieu d'Israël, dans les siècles des siècles! Ainsi soit-il, ainsi soit-il!

Donnez-leur, Seigneur, etc.

Ant. Seigneur, guérissez mon âme, car j'ai péché contre vous.

PSAUME 41.

Quemadmodum desiderat cervus ad fontes aquarum, * ita desiderat anima mea ad te, Deus.

Sitivit anima mea ad

Comme le cerf altéré soupire après l'eau des torrents, ainsi mon âme soupire après vous, ô mon Dieu!

Mon âme a soif du Dieu

Deum fortem, vivum : * quando veniam, et apparebo ante faciem Dei ?

fort, du Dieu vivant : quand irai-je, et paraîtrai-je devant sa face ?

Fuerunt mihi lacrymæ meæ panes die ac nocte, * dum dicitur mihi quotidie : Ubi est Deus tuus ?

Nuit et jour je me suis nourri du pain de mes larmes, pendant qu'on me criait sans cesse : Où donc est ton Dieu ?

Hæc recordatus sum, et effudi in me animam meam; * quoniam transibo in locum tabernaculi admirabilis, usque ad domum Dei.

J'ai repassé ces blasphèmes dans mon cœur, et mon âme s'est dilatée au dedans de moi, lorsque je me suis dit : Je pénètrerai dans son admirable tabernacle, jusqu'au sanctuaire de mon Dieu.

In voce exultationis et confessionis * sonus epulantis.

J'entendrai les louanges et les cris de joie qui retentissent dans les festins des justes.

Quare tristis es, anima mea, * et quare conturbas me ?

Pourquoi es-tu triste, ô mon âme, et pourquoi me troubles-tu par tes gémissements ?

Spera in Deo, quoniam adhuc confitebor illi; * salutare vultus mei, et Deus meus.

Espère en Jéhovah; car je le veux chanter encore; le salut vient de son regard, il est mon Dieu.

Ad me ipsum anima mea conturbata est : * propterea memor ero tui de terra Jordanis, et Hermoniim a monte modico.

Mon esprit est tout agité en moi; voilà pourquoi je me souviendrai de vous, Seigneur, des bords du Jourdain, et de l'humble colline d'Hermon.

Abyssus abyssum in-

L'abîme appelle l'abîme,

vocat, * in voce catara-
ctarum tuarum.

Omnia excelsa tua et
fluctus tui * super me
transierunt.

In die mandavit Do-
minus misericordiam
suam, * et nocte canti-
cum ejus.

Apud me oratio Deo
vitæ meæ; * dicam Deo :
Susceptor meus es.

Quare oblitus es mei? *
et quare contristatus in-
cedo, dum affligit me
inimicus?

Dum confringuntur
ossa mea, * exprobrave-
runt mihi, qui tribulant
me inimici mei;

Dum dicunt mihi per
singulos dies : Ubi est
Deus tuus? * Quare tri-
stis es, anima mea, et
quare conturbas me?

Spera in Deo, quoniam
adhuc confitebor illi : *
salutare vultus mei, et
Deus meus.

Requiem æternam,
etc.

Ant. Sitivit anima mea
ad Deum vivum; quando

au milieu du tumulte de vos
cataractes.

Tous vos orages et tous
vos flots ont passé sur ma
tête.

Mais il approche le jour
des miséricordes, elle s'a-
vance la nuit des hymnes
joyeux.

Je prierai le Dieu de ma
vie; je lui dirai : Vous êtes
mon refuge.

Pourquoi m'avez - vous
oublié? Pourquoi me faut-il
marcher dans le deuil, sous
l'oppression de mes enne-
mis?

L'angoisse est dans mes
os, quand mes persécuteurs
m'accablent d'outrages :

Quand ils me crient cha-
que jour : Où donc est ton
Dieu? Pourquoi es-tu triste,
ô mon âme? pourquoi me
troubles-tu par tes gémissements?

Espère en Jéhovah, car je
le veux chanter encore; le
salut vient de son regard,
il est mon Dieu,

Donnez - leur, Seigneur,
etc.

Ant. Mon âme a soif du
Dieu fort, du Dieu vivant;

veniam, et apparebo ante faciem Domini?

℣. Ne tradas bestiis animas confitentes tibi.

℟. Et animas pauperum tuorum ne obliviscaris in finem.

Pater noster, etc.

℣. Et ne nos inducas in tentationem.

℟. Sed libera nos a malo.

quand irai-je et paraîtrai-je devant sa face?

℣. Ne livrez point aux bêtes les âmes qui vous reconnaissent.

℟. N'oubliez pas à la mort les âmes de vos pauvres créatures.

Notre Père, etc.

℣. Et ne nous induisez pas en tentation.

℟. Mais délivrez-nous du mal.

LEÇON VII. *Job. Chap.* 17.

Spiritus meus attenuabitur, dies mei breviabuntur, et solum mihi superest sepulcrum. Non peccavi, et in amaritudinibus moratúroculus meus. Libera me, Domine, et pone me juxta te, et cujusvis manus pugnet contra me. Dies mei transierunt, cogitationes meæ dissipatæ sunt, torquentes cor meum. Noctem verterunt in diem, et rursum post tenebras spero lucem. Si sustinuero, infernus domus mea est, et in tenebris stravi lectulum meum. Putredini dixi :

Mon esprit s'éteint; mes jours sont abrégés, il ne me reste plus que le tombeau. Je n'ai point péché, et mon œil ne s'arrête que sur des douleurs. Délivrez-moi, Seigneur, mettez-moi auprès de vous, et après cela que le bras de qui que ce soit s'arme contre moi. Mes jours ont fui; mes pensées ont traversé mon cœur en le déchirant. Elles ont changé pour moi la nuit en jour, et j'espère le retour de la lumière après les ténèbres. Si j'attends encore, le tombeau sera ma demeure, et je dresserai mon lit dans les ténèbres. J'ai dit au ver du

pater meus es : mater mea, et soror mea, vermibus. Ubi est ergo nunc præstolatio mea et patientia mea? Tu es, Domine, Deus meus.

℟. Peccantem me quotidie, et non me pœnitentem, timor mortis conturbat me; * Quia in inferno nulla est redemptio : miserere meî, Deus, et salva me.

℣. Deus, in nomine tuo salvum me fac, et in virtute tua libera me. * Quia in inferno.

*LEÇON VIII. *Job. Chap. 19.*

PELLI meæ, consumptis carnibus, adhæsit os meum, et derelicta sunt tantum modo labia circa dentes meos. Miseremini meî, miseremini meî, saltem vos amici mei; quia manus Domini tetigit me. Quare persequimini me sicut Deus, et carnibus meis saturamini? Quis mihi tribuat ut scribantur sermones mei? Quis mihi det ut exarentur in libro stylo ferreo, et plumbi lami-

sépulcre : tu es mon père; à la pourriture : tu es ma mère et ma sœur. Où est maintenant mon espérance et ma patience? C'est vous, Seigneur mon Dieu.

℟. La crainte de la mort me trouble, moi qui pèche chaque jour sans faire pénitence. * Car il n'est point de pardon dans l'enfer : ayez pitié de moi, mon Dieu, et sauvez-moi.

℣. Mon Dieu, que votre nom me sauve, et que votre puissance me délivre. * Car il n'est point.

MA peau desséchée s'est attachée à mes os, et il ne me reste que les lèvres autour des dents. Ayez pitié de moi! ayez pitié de moi, vous, du moins, mes amis; car la main du Seigneur m'a touché. Pourquoi me poursuivez-vous comme Dieu, sans pouvoir vous rassasier de ma chair? Plût au ciel que mes paroles fussent écrites! Plût au ciel qu'elles fussent tracées dans un livre! qu'elles fussent gravées avec une plume de fer sur une lame

na, vel celte sculpantur in silice? Scio enim quod Redemptor meus vivit, et in novissimo die de terra surrecturus sum. Et rursum circumdabor pelle mea, et in carne mea videbo Deum Salvatorem meum. Quem visurus sum ego ipse, et oculi mei conspecturi sunt, et non alius : reposita est hæc spes mea in sinu meo.

℟. Memento meî, Deus, quia ventus est vita mea; * Nec aspiciet me visus hominis.

℣. Et non revertetur oculus meus, ut videat bona ; * Nec aspiciet.

de plomb, ou sur un dur rocher avec le ciseau ! Car je sais que mon Rédempteur est vivant, et qu'au dernier jour je ressusciterai de la terre. Et je serai de nouveau revêtu de ma peau, et dans ma propre chair je verrai Dieu mon Sauveur. Oui, je le verrai moi-même, et mes yeux le contempleront : ce sera moi, et non un autre; cette espérance repose dans mon sein.

℟. Souvenez-vous de moi, mon Dieu, car ma vie est un souffle, * Et le regard de l'homme ne me verra plus.

℣. Et mon œil ne contemplera plus les biens de cette vie, * Et le regard.

LEÇON IX. Job. Chap. 10.

QUARE de vulva eduxisti me? Qui utinam consumptus essem, ne oculus me videret. Fuissem quasi non essem, de utero translatus ad tumulum. Numquid non paucitas dierum meorum finietur brevi? Dimitte ergo me, ut plangam paululum dolorem meum, antequam va-

POURQUOI m'avez-vous tiré des entrailles de ma mère? Que n'y ai-je expiré ! l'œil ne m'eût jamais vu. J'aurais été comme n'étant point. Du sein maternel je serais tombé dans le sépulcre. Le peu qui me reste de jours n'est-il pas près de finir? Laissez-moi donc respirer un peu dans ma douleur, avant que j'aille sans

dam, et non revertar, ad terram tenebrosam et opertam mortis caligine; terram miseriæ et tenebrarum, ubi umbra mortis et nullus ordo, sed sempiternus horror inhabitat.

℟. Libera me, Domine, de morte æterna in die illa tremenda : * Quando cœli movendi sunt, et terra. * Dum veneris judicare sæculum per ignem.

℣. Dies illa, dies iræ, calamitatis, et miseriæ, dies magna, et amara valde. * Quando cœli.

℣. Tremens factus sum ego, et timeo, dum discussio venerit, atque ventura ira. * Dum veneris.

℣. Creator omnium rerum, Deus, qui me de limo terræ formasti, et mirabiliter proprio sanguine redemisti, corpusque meum, licet modo putrescat, de sepulcro facies in die judicii ressuscitari; exaudi, exaudi me, ut animam meam in sinu Abrahæ

retour dans cette terre obscure et couverte de vapeurs funèbres, région désolée et ténébreuse où habitent l'ombre de la mort, le chaos et une éternelle horreur.

℟. Délivrez - moi, Seigneur, de la mort éternelle en ce jour terrible! * Quand les cieux et la terre seront ébranlés. * Lorsque vous viendrez juger le monde par le feu.

℣. Ce jour sera un jour de colère, de calamité et de misère, le grand jour de la tristesse. * Quand les cieux.

℣. Je crains, je tremble de frayeur, à la pensée de cet examen, dans l'attente de votre colère. * Lorsque vous viendrez.

℣. Dieu, créateur de toutes choses, qui m'avez formé du limon de la terre, et m'avez merveilleusement racheté de votre propre sang, faites que ce corps, qui va bientôt tomber en poussière, ressuscite du tombeau au jour du jugement; écoutez, écoutez-moi, mon Dieu! ordonnez que

patriarchæ tui jubeas collocari.

mon âme soit placée dans le sein d'Abraham, votre patriarche.

℞. Libera me, Domine, de morte æterna, in die illa tremenda : Quando cœli movendi sunt, et terra. * Dum veneris judicare sæculum per ignem.

℞. Délivrez - moi, Seigneur, de la mort éternelle en ce jour terrible : Quand les cieux et la terre seront ébranlés. * Lorsque vous viendrez juger le monde par le feu.

A LAUDES.

PSAUME 50.

MISEREREmeî, Deus, * secundum magnam misericordiam tuam.

SEIGNEUR, ayez pitié de moi, selon la grandeur de vos miséricordes.

Et secundum multitudinem miserationum tuarum, * dele iniquitatem meam.

Et selon la multitude de vos bontés, pardonnez-moi mon iniquité.

Amplius lava me ab iniquitate mea, * et a peccato meo munda me.

Lavez-moi de plus en plus de mes souillures, et purifiez-moi de mon péché.

Quoniam iniquitatem meam ego cognosco, * et peccatum meum contra me est semper.

Car je connais mon iniquité, et mon crime est toujours devant mes yeux.

Tibi soli peccavi, et malum coram te feci : * ut justificeris in sermonibus tuis, et vincas cum judicaris.

C'est devant vous seul que j'ai péché, Seigneur, j'ai fait le mal sous vos yeux ; aussi vos paroles seront-elles justifiées, et vous triompherez au jour du jugement.

Ecce enim in iniquitatibus conceptus sum, * et in peccatis concepit me mater mea.

Ecce enim veritatem dilexisti ; * incerta et occulta sapientiæ tuæ manifestasti mihi.

Asperges me hyssopo, et mundabor ; * lavabis me, et super nivem dealbabor.

Auditui meo dabis gaudium et lætitiam, * et exultabunt ossa humiliata.

Averte faciem tuam a peccatis meis, * et omnes iniquitates meas dele.

Cor mundum crea in me, Deus, * et spiritum rectum innova in visceribus meis.

Ne projicias me a facie tua, * et Spiritum sanctum tuum ne auferas a me.

Redde mihi lætitiam salutaris tui, * et spiritu principali confirma me.

Docebo iniquos vias tuas ; * et impii ad te convertentur.

Libera me de sangui-

Songez, Seigneur, que je fus conçu dans l'iniquité, et que ma mère m'enfanta dans le péché.

Mais vous, mon Dieu, vous aimez la vérité, et vous m'avez manifesté les mystères de votre sagesse.

Arrosez-moi avec l'hysope, et je deviendrai pur : lavez-moi, et je serai plus blanc que la neige.

Murmurez à mon oreille des paroles de joie et de consolation, et mes os brisés tressailliront d'allégresse.

Détournez vos regards de mes forfaits ; effacez toutes mes fautes.

Créez en moi, Seigneur, un cœur pur, et renouvelez la droiture au fond de mes entrailles.

Ne me rejetez pas de devant votre face, et ne retirez pas de moi votre Esprit saint.

Rendez-moi la joie de votre salut, et fortifiez-moi de votre souffle tout-puissant.

J'enseignerai vos voies aux pécheurs, et les impies reviendront à vous.

Mon Dieu, Dieu sauveur.

nibus, Deus, Deus salutis meæ; * et exultabit lingua mea justitiam tuam.

Domine, labia mea aperies, * et os meum annuntiabit laudem tuam.

Quoniam si voluisses sacrificium, dedissem utique : * holocaustis non delectaberis.

Sacrificium Deo spiritus contribulatus : * cor contritum et humiliatum, Deus, non despicies.

Benigne fac, Domine, in bona voluntate tua Sion, * ut ædificentur muri Jerusalem.

Tunc acceptabis sacrificium justitiæ, oblationes et holocausta; * tunc imponent super altare tuum vitulos.

Requiem æternam, etc.

Ant. Exultabunt Domino ossa humiliata.

effacez le sang de mes mains, et ma langue célèbrera votre justice.

Oui, Seigneur, vous ouvrirez mes lèvres, et ma bouche publiera vos louanges.

Ah ! si vous eussiez voulu des sacrifices, je vous en aurais offert; mais les holocaustes ne vous sont point agréables.

Le sacrifice qui plaît à Dieu, c'est une âme oppressée de douleur : ne dédaignez pas, ô mon Dieu, un cœur contrit et humilié.

Bénissez avec amour, Seigneur, votre montagne de Sion; élevez les murs de Jérusalem.

Alors vous accueillerez les sacrifices de justice, les offrandes et les holocaustes ; alors on immolera des taureaux sur votre autel.

Donnez-leur, Seigneur, etc.

Ant. Mes os brisés tressailliront d'allégresse dans le Seigneur.

PSAUME 64.

TE decet hymnus, Deus, in Sion; * et tibi

SEIGNEUR, c'est à vous qu'il convient d'adresser

reddetur votum in Jerusalem.

Exaudi orationem meam ; * ad te omnis caro veniet.

Verba iniquorum prævaluerunt super nos ; * et impietatibus nostris tu propitiaberis.

Beatus quem elegisti, et assumpsisti ; * inhabitabit in atriis tuis.

Replebimur in bonis domus tuæ : * sanctum est templum tuum, mirabile in æquitate.

Exaudi nos, Deus salutaris noster ; * spes omnium finium terræ, et in mari longe.

Præparans montes in virtute tua, accinctus potentia : * qui conturbas profundum maris, sonum fluctuum ejus.

Turbabuntur gentes, et timebunt qui habitant terminos a signis tuis : * exitus matutini

nos hymnes dans Sion, et d'offrir nos vœux dans Jérusalem.

Exaucez notre prière : toute créature viendra vers vous.

Les paroles des méchants avaient prévalu sur nous, mais vous ferez grâce à nos prévarications.

Heureux celui que vous avez choisi et placé près de vous ! Il habitera dans vos parvis.

Nous serons rassasiés des biens de votre maison : votre saint temple est le séjour admirable de la justice.

Soyez-nous propice, ô Dieu, notre salut ! vous êtes l'espérance de toutes les contrées et des îles lointaines.

Vous, qui affermissez les montagnes par la force de votre bras ; vous, qui êtes armé de la puissance, vous maîtrisez les abîmes des mers et le tumulte de leurs flots.

Les nations sont saisies de trouble, ceux qui habitent les extrémités de la terre sont consternés à l'aspect de

et vespere delectabis.

vos prodiges; et tout à coup vous portez la joie de l'orient à l'occident.

Visitasti terram, et inebriasti eam; * multiplicasti locupletare eam.

Vous avez visité la terre, vous l'avez comme enivrée; vous l'avez comblée de richesses.

Flumen Dei repletum est aquis, parasti cibum illorum, * quoniam ita est præparatio ejus.

Le fleuve de Dieu est rempli de l'abondance des eaux; vous pourvoyez à la nourriture des hommes, en préparant ainsi les récoltes.

Rivos ejus inebria, multiplica genimina ejus; * in stillicidiis ejus lætabitur germinans.

Abreuvez les sillons, multipliez les germes des plantes, et, sous les rosées du ciel, la terre tressaillira de fécondité.

Benedices coronæ anni benignitatis tuæ : * et campi tui replebuntur ubertate.

Ceignez l'année d'une couronne de bénédictions, et les champs seront couverts de vos trésors.

Pinguescent speciosa deserti, * et exultatione colles accingentur.

Le désert s'embellira de fertilité; les collines se revêtiront d'allégresse.

Induti sunt arietes ovium, et valles abundabunt frumento : * clamabunt, etenim hymnum dicent.

Les béliers seront chargés de riches toisons, les épis couvriront les vallées; on entendra partout des cris de joie, tous diront un hymne à votre gloire.

Requiem æternam, etc.

Donnez-leur, Seigneur, etc.

Ant. Exaudi, Domine, orationem meam : ad te omnis caro veniet.

Ant. Seigneur, écoutez ma prière : toute créature viendra vers vous.

PSAUME 62.

DEUS, Deus meus, * ad te de luce vigilo.

Sitivit in te aaima mea : * quam multipliciter tibi caro mea!

In terra deserta, et invia, et inaquosa, sic in sancto apparui tibi, * ut viderem virtutem tuam et gloriam tuam.

Quoniam melior est misericordia tua super vitas, * labia mea laudabunt te.

Sic benedicam te in vita mea, * et in nomine tuo levabo manus meas.

Sicut adipe et pinguedine repleatur anima mea; * et labiis exultationis laudabit os meum.

Si memor fui tui super stratum meum, in matutinis meditabor in te; * quia fuisti adjutor meus.

Et in velamento alarum tuarum exultabo ; adhæsit anima mea post te : * me suscepit dextera tua.

Mon Dieu, mon Dieu, je vous cherche dès l'aurore.

Mon âme a soif de vous : pour vous ma chair se consume de désirs.

Dans cette terre inculte, déserte, aride, je me suis présenté devant vous comme dans votre sanctuaire, pour y contempler votre puissance et votre gloire.

Votre miséricorde est plus douce que la vie : mes lèvres vous loueront toujours.

Pendant tout mon pèlerinage je vous bénirai, et j'élèverai mes mains en votre nom.

Mon âme sera comme engraissée de vos bénédictions ; et des hymnes d'allégresse seront toujours à ma bouche.

La nuit je me souviendrai de vous sur ma couche ; je méditerai sur vous dès le matin, parce que vous avez été mon appui.

Et je tressaillirai de joie à l'ombre de vos ailes ; car mon âme s'est attachée à vous, et votre droite m'a soutenu.

Ipsi vero in vanum quæsierunt animam meam, introibunt in inferiora terræ; * tradentur in manus gladii, partes vulpium erunt.

Rex vero lætabitur in Deo, laudabuntur omnes qui jurant in eo; * quia obstructum est os loquentium iniqua.

En vain mes ennemis ont voulu m'arracher la vie : ils tomberont dans les profondeurs de la terre; ils seront livrés au glaive; ils deviendront la proie des chacals.

Quant au Roi, il se réjouira en Dieu : tous ceux qui jurent par ce Dieu seront glorifiés; et la bouche de l'iniquité sera close à jamais.

On ne dit pas Requiem.

PSAUME 66.

Deus misereatur nostrî, et benedicat nobis; * illuminet vultum suum super nos, et misereatur nostrî.

Ut cognoscamur in terra viam tuam; * in omnibus gentibus salutare tuum.

Confiteantur tibi populi, Deus, * confiteantur tibi populi omnes.

Lætentur et exultent gentes; * quoniam judicas populos in æquitate, et gentes in terra dirigis.

Que Dieu ait pitié de nous, et qu'il nous bénisse ! qu'il fasse briller sur nous la lumière de son visage, et nous couvre de sa miséricorde !

Alors, Seigneur, la terre connaîtra vos voies; et votre salut deviendra manifeste aux nations.

Que les peuples, ô mon Dieu, vous glorifient; que tous ils vous rendent des actions de grâces.

Que les nations se réjouissent, qu'elles tressaillent d'allégresse; car vous les jugerez selon l'équité, et vous leur donnerez une règle sur la terre.

Confiteantur tibi populi, Deus, confiteantur tibi populi omnes : *terra dedit fructum suum.

Que les peuples, ô mon Dieu, vous glorifient; que tous ils vous rendent des actions de grâces : la terre a donné son fruit.

Benedicat nos Deus, Deus noster, benedicat nos Deus, * et metuant eum omnes fines terræ.

Que Dieu, que notre Dieu, que Dieu nous bénisse; qu'il soit révéré jusqu'aux extrémités de la terre.

Requiem æternam, etc.

Donnez-leur, Seigneur, etc.

Ant. Me suscepit dextera tua, Domine.

Ant. Votre droite, Seigneur, me soutient.

CANTIQUE D'ÉZÉCHIAS. *Isaïc. Chap.* 38.

Ego dixi : In dimidio dierum meorum * vadam ad portas inferi.

J'ai dit : Au milieu de mes jours je descendrai jusqu'aux portes du tombeau.

Quæsivi residuum annorum meorum : *dixi : Non videbo Dominum Deum in terra viventium.

J'ai cherché le reste de mes années. J'ai dit : Je ne verrai plus le Seigneur mon Dieu dans la terre des vivants.

Non aspiciam hominem ultra, * et habitatorem quietis.

Je ne verrai plus aucun homme, aucun de ceux qui habitent avec moi la terre.

Generatio mea ablata est, et convoluta est a me, * quasi tabernaculum pastorum.

Mes années sont finies : elles ont été repliées et emportées loin de moi comme la tente du pasteur.

Præcisa est velut a texente vita mea : dum adhuc ordirer, succidit me; * de mane usque ad vesperam finies me.

Ma vie a été tranchée comme la trame par le tisserand au milieu de son travail. Du matin au soir vous avez terminé mes jours.

Sperabam usque ad mane : * quasi leo, sic contrivit omnia ossa mea.

De mane usque ad vesperam finies me : * sicut pullus hirundinis sic clamabo, meditabor ut columba.

Attenuati sunt oculi mei * suspicientes in excelsum.

Domine, vim patior, responde pro me : * quid dicam? aut quid respondebit mihi quum ipse fecerit?

Recogitabo tibi omnes annos meos * in amaritudine animæ meæ.

Domine, si sic vivitur, et in talibus vita spiritus mei, corripies me, et vivificabis me : * ecce in pacem amaritudo mea amarissima.

Tu autem eruisti animam meam, ut non periret ; * projecisti post tergum tuum omnia peccata mea.

Quia non infernus confitebitur tibi, neque

J'espérais jusqu'à l'aurore ; mais, comme un lion, le mal a brisé mes os.

Du matin au soir vous avez terminé mes jours. Je crierai comme le petit de l'hirondelle, je gémirai comme la colombe.

Mes yeux se sont fatigués à regarder le ciel.

Seigneur, je souffre violence ; répondez pour moi. Mais que dis-je, et que répondra le Seigneur, quand c'est lui qui l'a voulu ?

Je repasserai devant vous toutes mes années dans l'amertume de mon âme.

Seigneur, si ma vie se prolonge ainsi, si mon souffle se ranime dans cette occupation, vous me corrigerez, et vous me rendrez des forces nouvelles. Voilà que dans la paix j'ai ressenti l'amertume la plus profonde.

Mais vous avez arraché mon âme pour qu'elle ne pérît point ; vous avez rejeté mes péchés derrière votre dos.

Non, le sépulcre ne vous louera pas, la mort ne vous

mors laudabit te : * non expectabunt, qui descendunt in lacum, veritatem tuam.

Vivens, vivens ipse confitebitur tibi, sicut et ego hodie : * pater filiis notam faciet veritatem tuam.

Domine, salvum me fac, * et psalmos nostros cantabimus cunctis diebus vitæ nostræ in domo Domini.

Requiem æternam, etc.

Ant. A porta inferi erue, Domine, animas eorum.

glorifiera point ; ceux qui descendent dans l'abîme ne publieront pas votre vérité.

C'est l'homme vivant, oui, c'est l'homme vivant qui, comme moi aujourd'hui, célébrera votre nom. Le père transmettra à ses enfants la connaissance de votre vérité.

Seigneur, sauvez-moi, et nous chanterons des hymnes dans votre temple tous les jours de notre vie.

Donnez-leur, Seigneur, etc.

Ant. Seigneur, arrachez leurs âmes aux portes de l'enfer.

PSAUME 148.

LAUDATE Dominum de cœlis ; * laudate eum in excelsis.

Laudate eum, omnes angeli ejus; * laudate eum, omnes virtutes ejus.

Laudate eum, sol et luna : * laudate eum, omnes stellæ, et lumen.

Laudate eum, cœli cœlorum ; * et aquæ om-

LOUEZ le Seigneur, habitants des cieux ; louez-le, milices de son firmament.

Louez-le tous, ô vous, ses anges ; louez-le, phalanges du ciel.

Louez-le, soleil et lune ; louez-le, étoiles étincelantes.

Cieux des cieux, louez le Seigneur ; et que les eaux

nes quæ super cœlos sunt, laudent nomen Domini.

supérieures célèbrent le nom de Jéhovah.

Quia ipse dixit, et facta sunt; * ipse mandavit, et creata sunt.

Car il a dit, et tout a été fait; il a ordonné, et tout a été créé.

Statuit ea in æternum et in sæculum sæculi; * præceptum posuit, et non præteribit.

Il a établi son ouvrage à jamais et pour les siècles des siècles; il lui a imposé sa loi, et cette loi ne passera pas.

Laudate Dominum de terra; * dracones et omnes abyssi.

Louez le Seigneur, habitants de la terre; et vous aussi, monstres marins, et vous, abîmes de l'océan.

Ignis, grando, nix, glacies spiritus procellarum, * quæ faciunt verbum ejus.

Feux, grêle, neige, glaces, souffles des tempêtes, qui obéissez à sa voix;

Montes et omnes colles; * ligna fructifera et omnes cedri.

Montagnes et collines, arbres des vergers et cèdres des forêts;

Bestiæ et universa pecora; * serpentes et volucres pennatæ.

Bêtes sauvages et troupeaux, reptiles, et vous, oiseaux de l'air;

Reges terræ et omnes populi; * principes et omnes judices terræ.

Rois et peuples de la terre, princes et juges des nations;

Juvenes et virgines, senes cum junioribus, laudent nomen Domini;* quia exaltatum est nomen ejus solius.

Jeunes hommes et vierges, enfants et vieillards, que chacun loue le nom du Seigneur; car il n'y en a pas d'autre qui soit grand.

Confessio ejus super cœlum et terram; * et

Sa gloire resplendit au dessus des cieux et de la

exaltavit cornu populi sui.

terre; c'est lui qui fait porter haut la tête à son peuple.

Hymnus omnibus sanctis ejus : * filiis Israel, populo appropinquanti sibi.

A vous de le chanter, vous qui êtes ses saints ; à vous, enfants d'Israël, qu'il a tant approchés de lui.

On ne dit pas Requiem.

PSAUME 149.

CANTATE Domino canticum novum; * laus ejus in ecclesia sanctorum.

CHANTEZ au Seigneur un cantique nouveau : que ses louanges retentissent dans l'assemblée des saints.

Lætetur Israel in eo qui fecit eum ; * et filii Sion exultent in Rege suo.

Qu'Israël se réjouisse en Celui qui l'a fait ; que les fils de Sion tressaillent d'allégresse en leur Roi.

Laudent nomen ejus in choro ; * in tympano et psalterio psallant ei.

Qu'ils célèbrent son nom en chœur; qu'ils le célèbrent sur le tambour et le psaltérion.

Quia beneplacitum est Domino in populo suo, * et exaltabit mansuetos in salutem.

Car le Seigneur se complaît dans son peuple ; il élèvera les humbles et les sauvera.

Exultabunt Sancti in gloria ; * lætabuntur in cubilibus suis.

Les Saints triompheront dans la gloire; ils se réjouiront dans le lieu de leur repos.

Exultationes Dei in gutture eorum, * et gladii ancipites in manibus eorum.

De leur bouche s'exhaleront les louanges de Dieu : un glaive à deux tranchants armera leur main.

Ad faciendam vindi-

Ils tireront vengeance des

ctam in nationibus, * increpationes in populis.

nations; ils châtieront les peuples.

Ad alligandos reges eorum in compedibus,* et nobiles eorum in manicis ferreis.

Ils mettront les rois dans les chaînes; ils chargeront de fer les potentats.

Ut faciant in eis judicium conscriptum;*gloria hæc est omnibus Sanctis ejus.

C'est ainsi qu'ils exécuteront le jugement prescrit; voilà la gloire que Dieu destine à ses Saints.

On ne dit pas Requiem.

PSAUME 150.

LAUDATE Dominum in sanctis ejus; * laudate eum in firmamento virtutis ejus.

LOUEZ le Seigneur dans son sanctuaire; louez-le dans l'étendue de sa puissance.

Laudate eum in virtutibus ejus; * laudate eum secundum multitudinem magnitudinis ejus.

Louez-le dans sa force; louez-le dans la multitude de ses grandeurs.

Laudate eum in sono tubæ;.* laudate eum in psalterio et cithara.

Louez-le au son de la trompette; louez-le sur la lyre et sur la cithare.

Laudate eum in tympano et choro; * laudate eum in chordis et organo.

Louez-le au bruit des tambours et des flûtes; louez-le sur l'orgue et sur la mandoline.

Laudate eum in cymbalis bene sonantibus, laudate eum in cymbalis jubilationis. * Omnis spiritus laudet Dominum.

Louez-le sur les cymbales retentissantes; louez-le sur les cymbales d'allégresse. Que tout ce qui respire loue le Seigneur.

Requiem æternam, etc.

Ant. Omnis spiritus laudet Dominum.

Donnez-leur, Seigneur. etc.

Ant. Que tout ce qui respire loue le Seigneur.

CANTIQUE DE ZACHARIE. *Luc.* I.

BENEDICTUS Dominus Deus Israel; * quia visitavit et fecit redemptionem plebis suæ.

Et erexit cornu salutis nobis, * in domo David pueri sui;

Sicut locutus est per os Sanctorum, * qui a sæculo sunt, Prophetarum ejus,

Salutem ex inimicis nostris, * et de manu omnium qui oderunt nos;

Ad faciendam misericordiam cum patribus nostris, * et memorari testamenti sui sancti;

Jusjurandum quod juravit ad Abraham patrem nostrum, * daturum se nobis;

Ut sine timore, de manu inimicorum nostrorum liberati, * serviamus illi;

In sanctitate et justitia

Béni soit le Seigneur, Dieu d'Israël! parce qu'il a visité et racheté son peuple.

Et il a élevé parmi nous le signe du salut, dans la maison de David, son serviteur;

Comme il l'avait promis par la bouche des saints, qui ont été ses prophètes dès le commencement,

Qu'il nous sauverait de nos ennemis et de la main de tous ceux qui nous haïssent;

Qu'il ferait miséricorde à nos pères et se rappellerait sa sainte alliance;

Le serment par lequel il a juré à Abraham, notre père, qu'il se donnerait à nous;

Afin que, délivrés de la main de nos ennemis, nous le servions sans crainte,

Et marchions en sa pré-

coram ipso, * omnibus diebus nostris.

Et tu, Puer, propheta Altissimi vocaberis; * præibis enim ante faciem Domini, parare vias ejus;

Ad dandam scientiam salutis plebi ejus, * in remissionem peccatorum eorum;

Per viscera misericordiæ Dei nostri, * in quibus visitavit nos Oriens ex alto,

Illuminare his qui in tenebris et in umbra mortis sedent; * ad dirigendos pedes nostros in viam pacis.

Requiem æternam, etc.

Ant. Ego sum resurrectio et vita. Qui credit in me, etiam si mortuus fuerit vivet; et omnis qui vivit, et credit in me, non morietur in æternum.

Pater noster, etc.

sence, tous les jours de notre vie, dans la sainteté et la justice.

Et toi, petit Enfant, tu seras appelé prophète du Très-Haut; car tu marcheras devant la face du Seigneur, pour préparer ses voies;

Afin de donner à son peuple la science du salut, pour la rémission de ses péchés;

Et cela par les entrailles de la miséricorde de notre Dieu, laquelle l'a poussé, pour nous visiter, à quitter les hauteurs du ciel,

Pour éclairer ceux qui sont assis dans les ténèbres et dans l'ombre de la mort, et diriger nos pas dans la voie de la paix.

Donnez-leur, Seigneur, etc.

Ant. Je suis la résurrection et la vie. Celui qui croit en moi, quand même il serait mort, vivra; et quiconque vit et croit en moi, ne mourra jamais.

Notre Père, etc.

PSAUME 129.

DE profundis clamavi

DU fond de l'abîme j'ai

ad te, Domine : * Domine, exaudi vocem meam.

Fiant aures tuæ intendentes * in vocem deprecationis meæ.

Si iniquitates observaveris, Domine , * Domine, quis sustinebit?

Quia apud te propitiatio est; * et propter legem tuam sustinui te, Domine.

Sustinuit anima mea in verbo ejus : * speravit anima mea in Domino.

A custodia matutina usque ad noctem, * speret Israel in Domino.

Quia apud Dominum misericordia, * et copiosa apud eum redemptio.

Et ipse redimet Israel * ex omnibus iniquitatibus ejus.

Requiem æternam, etc.

℣. A porta inferi.

crié vers vous, Seigneur; Seigneur, écoutez ma voix.

Que vos oreilles soient attentives aux cris de ma prière.

Si vous tenez un compte soigneux de nos iniquités, Seigneur, Seigneur, qui subsistera devant vous?

Mais le pardon est en vous; et, à cause de votre loi, je vous ai attendu, Seigneur.

Mon âme s'est soutenue par votre parole : mon âme a espéré en Jéhovah.

Depuis l'aurore jusqu'à la nuit, qu'Israël espère en Jéhovah.

Car la miséricorde du Seigneur est grande, et sa rédemption est infinie.

Et lui-même il viendra racheter Israël de toutes ses iniquités.

Donnez-leur, Seigneur, etc.

℣. De la porte des enfers.

Et le reste, comme à la fin des Vêpres, page 188 et suiv.

HYMNE VENI CREATOR.

Veni, creator Spiritus,

Viens, Esprit créateur; viens visiter les âmes

Mentes tuorum visita,

Imple superna gratia

Quæ tu creasti pectora.

Qui Paracletus diceris,

Donum Dei Altissimi :

Fons vivus, ignis, cha-
ritas,
Et spiritalis unctio.

Tu septiformis munere,

Dextræ Dei tu digitus,

Tu rite promissum Pa-
tris,
Sermone ditans guttu-
ra.

Accende lumen sensi-
bus :
Infunde amorem cordi-
bus ;
Infirma nostri corporis

Virtute firmans perpeti.

Hostem repellas lon-
gius,

De ceux qui sont les tiens,
de tes fils bien-aimés :
Remplis-les de ta grâce ;
embrase de tes flammes
Les cœurs par toi-même
formés.

Salut, toi, du Très-Haut le
don par excellence,
Paraclet, pur trésor de consolation,
Source vive, doux feu, charitable puissance,
Intime et céleste onction.

Riche comme serait la droite
de Dieu même,
Tes célestes présents sur
nous tombent sept fois ;
Ainsi que l'a promis notre
Père suprême,
Tu prêtes la force à nos
voix.

Dans nos sens aveuglés fais
poindre la lumière ;
Épanche ton amour au fond
des cœurs glacés ;
Soutiens de ta vertu divine
et tutélaire
Nos corps vers la terre af-
faissés.

Repousse loin de nous notre
ennemi perfide,

Pacemque dones protinus;	Daigne au sentier de paix nous venir diriger;
Ductore sic te prævio,	Ainsi, dans le chemin si nous t'avons pour guide,
Vitemus omne noxium.	Nous éviterons tout danger.
Per te sciamus da Patrem,	A bien connaître Dieu que ta leçon nous aide;
Noscamus atque Filium,	Ce Dieu qui, Père ou Fils, veut des cœurs repentants.
Te utriusque Spiritum	En toi, comme à l'Esprit qui de tous deux procède,
Credamus omni tempore.	Fais-nous croire dans tous les temps.
Sit laus Patri, cum Filio,	Gloire au Père divin, gloire au Fils, son image;
Sancto simul Paraclito;	Gloire pareille à toi, leur Esprit adoré,
Nobisque mittat Filius	Dont le souffle en nos cœurs dissipe tout nuage
Charisma sancti Spiritus.	Et le brûle d'un feu sacré!
Amen.	Ainsi soit-il.

STABAT.

STABAT Mater dolorosa	ELLE était là debout la douloureuse Mère,
Juxta crucem lacrymosa,	Pleurant près de son Fils à la croix suspendu;
Dum pendebat Filius.	
Cujus animam gementem,	Et le glaive acéré d'une souffrance amère
Contristatam et dolentem	Transperçait son cœur éperdu.
Pertransivit gladius.	

O quam tristis et afflicta
Fuit illa benedicta
Mater Unigeniti !
Quæ mœrebat et dole-
    bat,
Et tremebat, cum vide-
    bat
Nati pœnas inclyti.

Quis est homo qui non
    fleret,
Christi Matrem si vide-
    ret
In tanto supplicio ?
Quis posset non contri-
    stari,
Piam Matrem contem-
    plari
Dolentem cum Filio ?

Pro peccatis suæ gentis

Vidit Jesum in tormen-
    tis,
Et flagellis subditum.

Vidit suum dulcem na-
    tum·
Morientem, desolatum,

Dum emisit spiritum.

Qu'elle était triste, hélas !
    qu'elle était désolée,
Cette Mère bénie ! Et qu'elle
    a soupiré
Et souffert et frémi, quand
    son âme accablée
Voyait son Jésus torturé !...

Quel homme n'aurait pas
    une larme brûlante
S'il voyait du Sauveur la
    Mère tant souffrir ?
A l'aspect d'une mère à cet
    excès dolente,
Qui pourrait ne pas s'atten-
    drir ?

Elle a vu son Jésus broyé
    sous le supplice,
Pour les nombreux péchés
    de son peuple pervers ;
Des coups sanglants du
    fouet, avant le sacrifice,
Elle a vu ses membres cou-
    verts.

Elle a vu son Enfant, le doux
    Enfant qu'elle aime,
Mourant, pâle, abattu, len-
    tement s'assoupir ;
Puis, délaissé de tous, dé-
    laissé de Dieu même,
Exhaler son dernier soupir !

Eia, Mater, fons amoris,
Me sentire vim doloris
Fac, ut tecum lugeam.

Fac ut ardeat cor meum
In amando Christum
    Deum,
Ut sibi complaceam.

Sancta Mater, istud
    agas,
Crucifixi fige plagas
Cordi meo valide.
Tui Nati vulnerati,
Tam dignati pro me
    pati,
Pœnas mecum divide.

Fac me vere tecum flere,
Crucifixo condolere,
Donec ego vixero.
Juxta crucem tecum sta-
    re,
Te libenter sociare
In planctu desidero.

Virgo virginum præcla-
    ra,
Mihi jam non sis amara,
Fac me tecum plangere.

Mère, source d'amour, fais
    sentir à mon âme,
Pour souffrir avec toi, le
    poids de ta douleur!
En aimant Jésus-Christ, fais
    que mon cœur s'enflamme
Pour complaire à mon Ré-
    dempteur.

O sainte Mère, achève! oh!
    oui, de grâce, imprime
Les stigmates du Christ en
    moi profondément!
De ton Fils, qui daigna
    s'immoler pour mon cri-
    me,
Fais-moi partager le tour-
    ment!

Qu'à ton affection mêlant
    vraiment la mienne,
Toujours je compatisse au
    Dieu crucifié;
Et qu'auprès de sa croix
    avec toi je me tienne,
A tes peines associé!

Voilà tout mon désir! — O
    Vierge qu'on révère,
Quand je t'honore et plains,
    à tes pieds laisse-moi.
Ne me repousse pas, ne me
    sois point sévère!
Permets que je pleure avec
    toi.

Fac ut portem Christi mortem,
Passionis ejus sortem,

Et plagas recolere.

Fac me plagis vulnerari,

Cruce hac inebriari

Ob amorem Filii.

Inflammatus et accensus,
Per te, Virgo, sim defensus
In die judicii.
Fac me cruce custodiri,
Morte Christi præmuniri,
Confoveri gratia.

Quando corpus morietur,
Fac ut animæ donetur

Paradisi gloria.
Amen.

Oh! la mort de Jésus, fais qu'en moi je la porte!
Que de sa passion le sort me semble doux,
Et que de sa douleur si terrible, si forte,
J'envie en mon âme les coups!

Fais que je sois atteint, percé de ses blessures!
Par amour de ton Fils, que je sois enivré
De cette croix, témoin de larges meurtrissures
Dont tout son corps fut déchiré!

Qu'embrasé de tendresse en toi, Vierge bénie,
Au jour du jugement je trouve un défenseur!
Par sa croix, par sa mort, que Dieu me fortifie,
Que sa grâce échauffe mon cœur!

Et quand mourra mon corps à l'heure où tout se brise,
Où le cercueil attend nos membres refroidis,
Fais que, par ton secours, mon âme soit admise
En la gloire du Paradis!
Ainsi soit-il.

PROSE DES MORTS.

Dies iræ, dies illa,

Ce dernier jour sera le jour
de la colère,

Solvet sæclum in favilla,

Où, déployant soudain l'é-
tendard de la croix,

Teste David cum Si-
bylla.

Le Seigneur descendra pour
réduire en poussière
Un monde infidèle à ses
lois.

Quantus tremor est fu-
turus,

Qu'il sera grand l'effroi,
quand, sur la nue en
flammes,

Quando Judex est ventu-
rus,

Le Juge souverain à nos
yeux paraîtra !

Cuncta stricte discussu-
rus.

Quand, au fond des secrets
que recèlent nos âmes,
Son regard de feu plon-
gera !

Tuba mirum spargens
sonum

O terreur ! la trompette a
frappé l'étendue !

Per sepulcra regionum,

Les morts, dans leurs cer-
cueils, réveillés en sur-
saut,

Coget omnes ante thro-
num.

Se lèvent..., et leur foule
est poussée éperdue
Devant le trône du Très-
Haut.

Mors stupebit et natura,

La nature et la mort seront
dans l'épouvante,

Quum resurget creatura

Lorsqu'à ce bruit terrible
en tous lieux répété.

Judicanti responsura.

Toute chair aussitôt rede-
viendra vivante,
Pour répondre au Juge ir-
rité.

Liber scriptus profere-
tur,
In quo totum contine-
tur
Unde mundus judicetur.

Le livre où bien et mal,
d'une trace profonde
Sont inscrits, où d'avance
est renfermé l'arrêt
Que Dieu prononcera sur
les destins du monde,
Le livre fatal apparaît.

Judex ergo quum sede-
bit,
Quidquid latet appare-
bit,
Nil inultum remanebit.

Mais le Juge est assis....les
voilà déroulées
Ces pages contenant les
damnés, les bénis;
Point de fautes alors qui ne
soient dévoilées,
De crimes qui ne soient
punis.

Quid sum, miser, tunc
dicturus?
Quem patronum roga-
turus?
Quum vix justus sit se-
curus.

Misérable! que dire en ce
moment suprême?
Quel appui protecteur, quel
secours implorer?
Puisqu'avec ses vertus l'innocence elle-même
Peut à peine se rassu-
rer !

Rex tremendæ majesta-
tis,
Qui salvandos salvas
gratis,

O roi de majesté sublime et
formidable,
Qui sauvez vos élus et ne
leur devez rien,

Salva me, fons pietatis.

Fouillez de vos pardons le trésor insondable!
Sauvez-moi, source de tout bien.

Recordare, Jesu pie,

Songez, tendre Jésus, que c'est moi qui suis cause

Quod sum causa tuæ viæ :

Du pénible chemin qu'ont parcouru vos pas.

Ne me perdas illa die.

Au nom de vos douleurs, je ne veux qu'une chose :
En ce jour ne me perdez pas.

Quærens me, sedisti las-sus ;

Vous vous êtes assis bien las à ma poursuite ;

Redemisti, crucem pas-sus :

En croix pour mon salut, vous fûtes suspendu :

Tantus labor non sit cassus.

Qu'un labeur aussi grand pour un coupable en fuite,
O mon Dieu, ne soit point perdu !

Juste Judex ultionis,

Juste Juge, par qui toute faute s'expie,

Donum fac remissionis

Remettez-moi ma dette avant ce dernier jour

Ante diem rationis.

Où j'irai devant vous dépo-ser une vie
Si peu digne de votre amour.

Ingemisco tanquam re-us,

Je pleure... De mon crime on voit sur moi la trace,

Culpa rubet vultus me-us :

Il a couvert mon front de honte et de rougeur :

Supplicanti parce, Deus.

Au pauvre suppliant qui vous demande grâce,
Pardonnez, pardonnez, Seigneur !

Qui Mariam absolvisti,

Vous avez tout remis à la femme adultère ;

Et latronem exaudisti,

Du larron pénitent, qui vous criait merci,

Mihi quoque spem dedisti.

Vous avez écouté la plainte salutaire...
Je puis donc espérer aussi !

Preces meæ. non sunt dignæ ;

Je le sens, ma prière est faible, sans puissance

Sed tu bonus fac benigne,

Pour fléchir vos rigueurs ; mais, ô Dieu des bienfaits,

Ne perenni cremer igne.

Agissez envers moi selon votre clémence...
Qu'aux enfers j'échappe à jamais.

Inter oves locum præsta,

Auprès de vos brebis laissez-moi prendre place ;

Et ab hædis me sequestra,

Séparez-moi des boucs, des pécheurs dissolus ;

Statuens in parte dextra.

A la droite, Seigneur, où sourit votre face,
Rangez-moi parmi vos élus.

Confutatis maledictis,

Du malheur des damnés, de leur honte éternelle,

Flammis acribus addictis,

De ces feux dévorants que vous gardez pour eux,

Voca me cum Benedictis.	Préservez-moi, mon Dieu! Que votre voix m'appelle Aux délices des Bienheureux!
Oro supplex et acclinis,	Prosterné, suppliant, et, comme la poussière
Cor contritum quasi cinis,	Le cœur brisé, pétri sous le poids des tourments,
Gere curam mei finis.	J'ose vous dire encore, en mon humble prière : Veillez sur mes derniers moments.
Lacrymosa dies illa	Jour de pleurs que ce jour, où, sortant de la cendre,
Qua resurget ex favilla	Les coupables humains seront jugés par vous!
Judicandus homo reus ;	Mais, avant cet appel qui viendra nous surprendre,
Huic ergo parce, Deus.	Seigneur, ayez pitié de nous.
Pie Jesu, Domine,	Bon Jésus, doux Sauveur, Dieu de miséricorde,
Dona eis requiem. Amen.	Avant ce jugement terrible et solennel, A ceux qui ne sont plus, que votre amour accorde La paix du repos éternel! Ainsi soit-il.

PRIÈRE
DE SAINT THOMAS D'AQUIN

POUR OBTENIR LA RÉMISSION DES PÉCHÉS.

Ad te fontem misericordiæ, Deus, accedo peccator. Ergo digneris me lavare immundum. O Sol justitiæ, illumina cæcum. O æterne Medice, cura vulneratum. O Rex regum, indue spoliatum. O Mediator Dei et hominum, reconcilia reum. O Pastor bone, reduc errantem.

Da, Deus, misericordiam misero, indulgentiam criminoso, vitam mortuo, justificationem impio, unctionem gratiæ indurato. O clementissime, revoca fugientem, trahe renitentem, erige cadentem, tene stantem, conduc ambulantem. Ne

Vers vous, mon Dieu, source de miséricorde, moi, pécheur, j'ose m'approcher. Vous daignerez donc me laver de mes taches. O Soleil de justice, éclairez un aveugle! O Médecin éternel, guérissez un blessé! O Roi des rois, vêtissez un indigent! O Médiateur entre Dieu et les hommes, réconciliez un coupable! O bon Pasteur, ramenez une brebis errante.

Accordez', ô mon Dieu, la miséricorde à un misérable, le pardon à un criminel, la vie à un mort, la justification à un impie, l'onction de la grâce à un endurci. O Seigneur très-clément, rappelez un fugitif, entraînez un récalcitrant; relevez-moi tombé, soutenez-moi

obliviscaris te obliviscentem , ne deseras te deserentem, ne despicias peccantem. Ego enim peccando te Deum meum offendi, proximum læsi , mihi non peperci.

Peccavi, Deus meus : fragilitate contra te Patrem Omnipotentem ; ignorantia contra te Filium sapientem ; malitia contra te Spiritum Sanctum clementem ; et his offendi te Trinitatem excellentem. Heu mihi misero , quot et quanta commisi, qualia perpetravi! Dereliqui te, Domine , de bonitate tua conqueror, amore malo accedente, timore malo humiliante, quibus potius te amittere , quam amatis carere , potius te offendere, quam timenda non incurrere volui.

O Deus meus, quan

debout , conduisez - moi quand je marche. N'oubliez point celui qui vous oublie, ne délaissez point celui qui vous délaisse, ne méprisez pas un pécheur. Car, en péchant, je vous ai offensé, mon Dieu, j'ai nui à mon prochain, je ne me suis pas épargné.

Mon Dieu, j'ai péché : par faiblesse contre vous, Père Tout - Puissant ; par ignorance contre vous, Fils intelligent ; par malice contre vous, Esprit saint et clément ; et par cette triple cause, je vous ai offensée, sublime Trinité. Malheur à moi, misérable qui ai fait tant et de si grandes fautes, qui ai commis de pareilles iniquités! Je vous ai abandonné, Seigneur, j'en demande pardon à votre bonté, entraîné par un amour coupable , dominé par une coupable crainte, qui m'ont porté à vous perdre, plutôt que de renoncer aux objets que j'aimais, et à vous offenser, plutôt que de me soustraire à ceux que je devais craindre.

O mon Dieu, combien je

tum nocui verbo et opere, peccando latenter, patenter, et contumaciter! Quare pro mea fragilitate supplico, ut non attendas meam iniquitatem, sed tuam immensam bonitatem, et remittas clementer quæ feci, donans dolorem pro præteritis, et cautelam efficacem de futuris.

Amen.

me suis rendu coupable par parole et par action, en péchant secrètement, au grand jour, et par désobéissance obstinée! C'est pourquoi je vous supplie, à cause de ma fragilité, de ne pas faire attention à mon iniquité, mais à votre immense bonté, et de me remettre indulgemment le mal que j'ai fait, en m'accordant la douleur des fautes passées et une vigilance efficace contre les fautes à venir.

Ainsi soit-il.

MANUEL

DES

FRÈRES ET SŒURS

DU TIERS ORDRE

DE LA PÉNITENCE DE SAINT DOMINIQUE

DEUXIÈME PARTIE

CHAPITRE I

NOTICE HISTORIQUE SUR LE TIERS-ORDRE.

Saint Dominique n'avait pas été seulement suscité de Dieu pour édifier et défendre l'Église par l'ascendant de sa parole et l'exemple de ses vertus : le Seigneur, *qui est admirable dans ses saints* (1), le destinait surtout à fonder au milieu de la société chrétienne une grande famille, héritière de son esprit et de sa foi, et chargée de continuer à travers les siècles l'œuvre à laquelle il s'était consacré.

Dès le premier voyage que le saint fit en France sur la fin de l'an 1203, il avait été témoin de l'affaiblissement de la Foi parmi les catholiques, et des progrès effrayants de l'hérésie : ce triste spectacle des ravages de l'erreur, des dangers et des maux de l'Église, lui avaient révélé sa vocation, et dès lors il

(1) Ps. 67, 36.

avait dévoué sa vie à faire triompher la vérité par la prière, la patience et la prédication. Mais un dévouement isolé ne suffisait point au zèle de saint Dominique et aux besoins de l'Église; l'homme de Dieu sentait que l'union seule fait la force en même temps qu'elle peut assurer la durée; il comprenait l'impuissance des efforts individuels pour soutenir avec avantage contre la ligue puissante des enfants de ténèbres, cette lutte de la vérité contre l'erreur qui doit se perpétuer jusqu'à la fin des temps; et cette pensée féconde, comme le sont les pensées des Saints, donnait naissance à l'Ordre des Frères Prêcheurs. Ceux-ci ne devaient pas connaître d'autres armes que cette armure spirituelle que l'Apôtre recommande aux Éphésiens : la cuirasse de la justice, le bouclier de la foi, le casque du salut et le glaive de la parole divine; ils étaient envoyés comme des brebis au milieu des loups, et n'étaient, comme saint Paul, forts que de leur faiblesse : *cum enim infirmor, tunc potens sum* (1). C'est que l'instruction, la prière et le dévouement poussé jusqu'à l'immolation, sont les seules armes *offensives* que la charité mette au service de la vérité.

Mais s'il n'est pas permis à celle-ci de s'imposer par la force, il ne saurait lui être interdit de se défendre contre la violence d'injustes oppresseurs : voilà pourquoi notre Dieu, qui est le Dieu de la paix, a voulu néanmoins être appelé si souvent dans les saintes Écritures *le Seigneur Dieu des armées* : c'est que la gloire et le but des armées doivent être de

____

(1) II. Cor. 12, 10.

sauvegarder, de maintenir, ou de rétablir la paix, de protéger la patrie et d'assurer la sécurité des citoyens, en défendant et en faisant respecter l'ordre et le droit; de n'user de la guerre que comme d'un moyen héroïque, mais parfois nécessaire, d'étendre ou d'affermir par la justice le règne de la paix. Toute guerre qui n'a pas ce but est une guerre que Dieu réprouve et que les hommes doivent maudire; mais aussi toute guerre inspirée par ce motif, entreprise pour la délivrance du faible opprimé, et pour la défense de la justice et du droit contre la domination de la force, est une guerre sainte et sacrée, à laquelle la terre et le ciel applaudissent. Or, au temps de saint Dominique, l'Église, violemment attaquée par de nombreux ennemis, subissait dans une partie de la France et de l'Italie une persécution déclarée : les temples étaient profanés, le service divin interrompu, les prêtres poursuivis et massacrés, les monastères dévastés, les fidèles obligés de se soustraire par la fuite ou l'apostasie aux plus indignes traitements; et l'hérésie triomphante des Albigeois, envahissant tout le midi de la France, menaçait la société de la livrer aux doctrines infâmes et subversives du manichéisme. En beaucoup de lieux de l'Italie, au centre même de la Catholicité, des laïques s'étaient emparés du patrimoine de l'Église; la spoliation des biens ecclésiastiques avait réduit le clergé à la misère et soulevé contre lui les haines implacables, parce qu'elles étaient intéressées, de ceux qui l'avaient dépouillé. Ainsi de cupides ambitions venues en aide au schisme et à l'hérésie, et trop bien secondées d'ailleurs par l'affaiblissement de la discipline ecclésiastique, avaient mis l'Église dans la nécessité de repousser la force par la force, et de faire appel aux armes de ses enfants dans la mesure d'une légitime défense.

C'est dans ce but de résistance à l'oppression que saint Dominique institua une association à laquelle il donna le nom de *Milice de Jésus-Christ* : elle se composait d'hommes vivant au milieu du monde, mais fermes dans la foi, qui s'engageaient à défendre les biens et la liberté de l'Église par tous les moyens en leur pouvoir. Pour conserver à cette ligue essentiellement défensive son caractère de mansuétude chrétienne, il fut interdit aux Frères de porter aucune arme offensive, si ce n'est pour la défense de la Foi, ou pour quelque autre raison légitime, et toujours avec la permission de leur Supérieur. Les femmes furent aussi admises à entrer dans cette sainte Milice, en y prenant la part que leur permettait leur sexe, et en concourant selon leurs moyens, par leurs prières, leurs aumônes et leurs bonnes œuvres, à l'affranchissement de l'Église.

On ne saurait fixer d'une manière précise l'époque à laquelle cette institution prit naissance. Les uns veulent qu'elle ait précédé de plusieurs années l'établissement même de l'Ordre des Frères Prêcheurs, et citent à l'appui de leur sentiment de nombreuses et graves autorités (1); d'autres, comme les annalistes de l'Ordre, la placent un peu plus tard, mais toujours pendant le temps de la prédica-

(1) Voir un ancien Manuel du Tiers-Ordre, publié à Paris en 1680.

tion de saint Dominique en Languedoc ; d'autres enfin la fixent au temps de son séjour en Lombardie, et ce dernier sentiment nous semble plus probable, et se trouve confirmé par un passage de la *Vie de sainte Catherine de Sienne* où le B. Raymond de Capoue, son historien, après avoir parlé des désordres qui régnaient *en beaucoup d'endroits d'Italie*, et qui avaient porté saint Dominique à y opposer une digue efficace, ajoute en présentant cette œuvre comme le dernier enfantement de son zèle : « Après que le « B. Dominique eut ainsi réglé cette association, il « s'en alla au Seigneur. »

Mais quoi qu'il en soit de cette incertitude sur le temps et le lieu précis de l'institution du Tiers-Ordre, il est hors de doute qu'il eut saint Dominique pour auteur.

Le saint avait tracé pour cette société nouvelle qui n'était ni le monde ni le cloître, et qui participait de l'un et de l'autre, des règles appropriées à sa double destination, et qui en assujettissaient les membres à des pratiques de piété et de mortification religieuse, compatibles cependant avec les devoirs ordinaires de la vie domestique et civile.

L'austérité de quelques-unes de ces règles, qui étonne aujourd'hui notre faiblesse, n'empêcha pas le Tiers-Ordre de faire de rapides progrès et de s'étendre aussi loin que l'Ordre même des Frères Prêcheurs. Quelques années à peine après la mort du saint Fondateur, Grégoire IX donnait une bulle datée de la première année de son Pontificat, 22 novembre 1227, et adressée *à ses chers fils les Frères de la Milice de Jésus-Christ*, pour approuver leur

Institut et prendre leurs personnes et leurs biens sous la protection du Saint-Siége ; un peu plus tard, le 18 mai 1235, le même pontife écrivait au Bienheureux Jourdain de Saxe, second général des Frères Prêcheurs, pour recommander à son zèle la propagation de cette sainte Milice : voici les paroles de ce grand Pape ; elles sont trop honorables au Tiers-Ordre naissant, pour ne pas trouver place ici : « Nous « prions votre discrétion et Nous l'exhortons ins- « tamment, vous commandant de former, par vous « et par vos Frères, à l'exercice des vertus, Nos Fils « bien-aimés les Frères de la Milice de Jésus-Christ, « dont le pieux Institut en détermine beaucoup à « s'élever jusqu'à l'assemblée des Saints, et de les « animer efficacement à la conservation de la cha- « rité, travaillant avec votre sollicitude ordinaire à « ce que, par les douces exhortations de vous et de « vos Frères, le nombre des membres de cette mi- « lice croisse de plus en plus à la gloire du Rédemp- « teur (1). »

Plus tard, lorsque la paix eut été rendue à l'É- glise, les nombreux fidèles qui s'étaient enrôlés dans cette sainte Milice, en appliquèrent les règles aux combats et aux luttes spirituelles de l'homme intérieur, et en changèrent le nom en celui de

______

(1) Rogamus itaque discretionem tuam et hortamur attente, mandantes, quatenus dilectos filios Fratres Militiæ Jesu Christi, quorum pium propositum multos provehi sollicitat ad collegia Beatorum, per te ac Fratres tuos, sacris disciplinis instruere, ac eosdem studeas ad charitatis observantiam efficaciter animare, solitam sollicitudinem habiturus, ut tuis et Fratrum tuorum exhortationibus gratiosis, prædictæ Militæ numerus ad Redemptoris gloriam augeatur, etc.

Tiers-Ordre ou Troisième Ordre des Frères et des Sœurs de la Pénitence de saint Dominique. Voici comment s'exprime à ce sujet un ancien auteur : « Le B. Dominique, animé d'un véritable zèle, « choisit et rassembla des Chrétiens généreux, qui « combattissent pour la défense de la Foi et des fi- « dèles; mais, lorsque les causes de cette Milice « n'existèrent plus, ceux-ci prirent le nom de « Frères de la Pénitence du Tiers-Ordre de saint « Dominique (1). » Et Suarez, après avoir parlé des deux Ordres fondés par saint Dominique, l'un pour les hommes, l'autre pour les femmes, ajoute « qu'il « en institua encore pour les deux sexes un troi- « sième qui fut d'abord appelé *de la Milice de Jésus-* « *Christ,* parce qu'il était établi pour défendre alors « les biens de l'Église contre les injustes usurpa- « teurs, mais qui depuis, après que la persécution « eut cessé, changea ce nom en celui de *la Péni-* « *tence* ou de *troisième règle* (2). »

Cependant, comme le nombre des personnes qui embrassaient ce Tiers-Ordre allait toujours crois- sant, il s'y introduisit en différents lieux des pra- tiques et des coutumes différentes, selon la dévo- tion particulière, ce qui altérait l'uniformité et engendrait la confusion. Pour remédier à cet abus, Munion de Zamora, septième Maître Général des Frères Prêcheurs, sentit la nécessité de fixer par écrit (en leur faisant subir quelques modifications réclamées par les circonstances) les règlements que saint Dominique n'avait donnés que de vive voix :

(1) Confectius. — (2) Suarez, tom. 4; liv. 2, ch. 6.

il rédigea donc en 22 chapitres la Règle du Tiers-Ordre, telle que nous l'avons encore aujourd'hui, et ce fut sous cette forme, désormais invariable, qu'elle reçut, plus d'un siècle après, l'approbation du Saint-Siége : Innocent VII en 1405, et plus tard Eugène IV la confirmèrent solennellement; et sous la bénédiction des Pontifes Romains, qui seule assure à une œuvre chrétienne la vie et la fécondité, le Tiers-Ordre a traversé six siècles pour parvenir jusqu'à nous sans altération.

Destinée à établir entre ses membres un lien puissant de fraternité, en même temps qu'elle les rattache tous à un centre commun pour les faire participer à une fraternité plus étroite encore, la Règle du Tiers-Ordre est basée tout entière sur l'esprit d'association, qui est essentiellement l'esprit du Catholicisme. En effet, le mode d'élection des Prieurs, l'autorité et le droit de correction qu'ils exercent, les assemblées qui unissent fréquemment les Frères pour la prière publique, l'instruction, et l'accusation de leurs manquements, les services de charité mutuelle imposés à tous les membres, y réalisent à un degré auparavant inconnu du monde la vie de communauté : et cela est si vrai, qu'on vit dès le principe des âmes embrasées de l'amour de Dieu et du désir d'une perfection plus haute, adapter à la vie religieuse complète la Règle du Tiers-Ordre, sans avoir autre chose à faire pour cela que d'y ajouter la clôture et les trois vœux de Religion. Dès l'an 1255, la Bienheureuse Émilie de Verceil fonda un monastère du Tiers-Ordre qu'elle gouverna jusqu'en 1272 en qualité de Prieure; et depuis lors, ces communautés se sont multipliées et perpétuées jusqu'à nos jours avec grande édification (1) : outre sainte Catherine de Ricci, l'une des gloires dominicaines, le Tiers-Ordre cloîtré a donné à l'Église un grand nombre de Bienheureuses honorées d'un culte public, et une multitude de Vierges dont la mémoire est en bénédiction, et qui ont couronné une vie d'immolation et de charité par une mort précieuse devant le Seigneur.

Mais quelles qu'aient pu être l'utilité de ces saintes retraites et la splendeur des vertus qui ont fleuri dans leurs murs, il est certain cependant qu'elles n'entraient pas dans le plan primitif du Tiers-Ordre, établi, au contraire, pour la sanctification des âmes qui vivent au contact du siècle. Saint Dominique, en effet, avait déjà pourvu au besoin dé la vie contemplative par l'établissement des religieuses du Grand Ordre, première création de son zèle apostolique : l'objet de cette œuvre nouvelle était essentiellement différent. Opposer une digue aux progrès du vice et de l'erreur, fortifier en les unissant les âmes ferventes appelées à combattre au milieu du monde les combats du Seigneur, prémunir contre leur propre faiblesse et contre le danger de l'isolement des âmes moins énergiques qui ont

(1) Pour ne parler que de la France, on y compte encore aujourd'hui plusieurs monastères du Tiers-Ordre, dont les Sœurs se consacrent avec autant de zèle que de succès à l'éducation de la jeunesse : leur genre de vie, moins austère et moins contemplatif que celui des religieuses du Grand Ordre, est plus accessible à des personnes d'une complexion délicate, et se concilie mieux avec les devoirs et les relations extérieures qu'impose la direction d'un pensionnat.

besoin de se sentir soutenues dans le chemin parfois si pénible de la vie ; attirer enfin sur les Chrétiens de bonne volonté une plus abondante effusion de l'esprit d'humilité et d'amour, en les initiant plus profondément aux joies mystérieuses et sévères du renoncement et de la pénitence ; tels sont les résultats qu'il s'était proposés en fondant le Tiers-Ordre, tel est le but vers lequel converge toute sa Règle. Aussi les confraternités séculières du Tiers-Ordre en ont-elles toujours été le principal élément : composées de pieux fidèles vivant au sein de leur famille, remplissant dans le monde les devoirs de leur condition, et seulement unis entre eux par le lien de la charité et les observances de la règle, elles ne pouvaient manquer d'exercer une douce et salutaire influence sur la société, au milieu de laquelle elles entretenaient ou ravivaient l'esprit chrétien : elles étaient à elles seules une prédication vivante, et secondaient ainsi puissamment, par leurs exemples et leurs vertus, l'apostolat de l'Ordre qui leur communiquait la vie. Et cependant, elles n'étaient pas encore l'unique moyen d'action ménagé au Tiers-Ordre par son saint fondateur ; il avait voulu que dans les lieux mêmes où son œuvre ne parviendrait pas à la vie publique, à laquelle il la destinait, elle pût du moins contribuer puissamment au progrès spirituel des individus ; et dans ce dessein, afin d'en multiplier et d'en étendre les bienfaits, en les mettant à la portée de tous, il résolut d'admettre à la profession du Tiers-Ordre individuel les personnes qui ne pouvaient appartenir à une confraternité, soit parce qu'il ne s'en trouvait pas d'établie dans le lieu de leur demeure, soit parce que l'assujettissement de leur position ne leur permettait pas d'assister aux assemblées des Frères. On le voit, dans ce vaste plan de croisade pacifique, aucun dévouement n'est exclu, aucune bonne volonté n'est condamnée à l'impuissance : les membres isolés sont privés, il est vrai, des consolations et du mérite des réunions et des exercices communs; mais par leur fidélité à l'accomplissement des devoirs individuels imposés par la règle, ils participent également aux grâces et aux priviléges du Tiers-Ordre.

Cette dernière classe de Tertiaires est devenue d'autant plus nombreuse qu'elle est plus accessible à toutes les situations de la vie : nous n'entreprendrons pas d'énumérer ici tous les grands Serviteurs de Dieu qu'elle a produits, toutes les âmes d'élite qui se sont formées dans son sein à la pratique des plus sublimes vertus; qu'il nous soit cependant permis de distinguer dans ce nombre l'illustre et pieux fondateur de la célèbre Congrégation de Saint-Sulpice, M. Olier, qui aimait, dans l'humilité de sa reconnaissance, à se proclamer redevable à l'Ordre de saint Dominique de toutes les grâces qu'il avait reçues du Ciel.

Cette esquisse rapide, si incomplète qu'elle soit, pourra suffire, ce semble, pour donner une idée exacte de l'institution et des développements du Tiers-Ordre de la Pénitence : « Ce fut comme le « troisième rameau d'un seul ordre qui embras- « sait dans sa plénitude les hommes, les femmes et « les gens du monde. Par la création des Frères « Prêcheurs, Dominique avait tiré du désert les

« phalanges monastiques, et les avait armées du
« glaive de l'apostolat; par la création du Tiers-
« Ordre, il introduisit la vie religieuse jusqu'au
« sein du foyer domestique et au chevet du lit nup-
« tial. Le monde se peupla de jeunes filles, de
« veuves, de gens mariés, d'hommes de tout état
« qui portaient publiquement les insignes d'un
« Ordre religieux, et s'astreignaient à ses pratiques
« dans le secret de leurs maisons. L'esprit d'asso-
« ciation qui régnait au moyen âge, et qui est celui
« du Christianisme, favorisa ce mouvement. De
« même qu'on appartenait à une famille par le
« sang, à une corporation par le service auquel on
« s'était voué, à un peuple par le sol, à l'Église par
« le baptême, on voulut appartenir par un dévoue-
« ment de choix à l'une des glorieuses Milices qui
« servaient Jésus-Christ dans les sueurs de la parole
« et de la pénitence. On revêtait les livrées de saint
« Dominique ou de saint François; on se greffait
« sur l'un de ces deux troncs, pour vivre de leur
« séve, tout en conservant encore sa propre na-
« ture; on fréquentait leurs églises, on participait
« à leurs prières, on les assistait de son amitié, on
« suivait d'aussi près que possible la trace de leurs
« vertus. On ne croyait plus qu'il fallût fuir du
« monde pour s'élever à l'imitation des Saints :
« toute chambre pouvait devenir une cellule, et
« toute maison une Thébaïde. A mesure que l'âge
« et les événements de la vie dégageaient le Chré-
« tien du pesant fardeau de la chair, il sacrifiait au
« cloître une plus grande portion de lui-même. Si
« la mort d'une épouse ou d'un enfant venait à tout

« briser autour de lui ; si une révolution le préci-
« pitait des honneurs dans l'exil et l'abandon, il
« avait une autre famille prête à le recevoir dans
« ses bras, une autre cité dans laquelle le droit
« de bourgeoisie lui était acquis. Il passait du Tiers-
« Ordre à l'Ordre complet, comme on passe de la
« jeunesse à la virilité. L'histoire de cette institution
« est une des plus belles choses qu'on puisse lire.
« Elle a produit des Saints sur tous les degrés de la
« vie humaine, depuis le trône jusqu'à l'escabeau,
« avec une telle abondance, que le désert et le
« cloître pouvaient s'en montrer jaloux. Les fem-
« mes surtout ont enrichi les Tiers-Ordres du tré-
« sor de leurs vertus. Trop souvent enchaînées dès
« l'enfance à un joug qu'elles n'ont point souhaité,
« elles échappaient à la tyrannie de leur position
« par l'habit de saint Dominique ou de saint Fran-
« çois. Le monastère venait à elles, puisqu'elles ne
« pouvaient aller chercher le monastère. Elles se
« faisaient dans quelque réduit obscur de la maison
« paternelle ou conjugale un sanctuaire mysté-
« rieux, tout plein de l'époux invisible qu'elles
« aimaient uniquement. Qui n'a entendu parler de
« sainte Catherine de Sienne et de sainte Rose de
« Lima, ces deux étoiles dominicaines qui ont
« éclairé deux mondes? Qui n'a lu la Vie de sainte
« Élisabeth de Hongrie, la franciscaine? Ainsi l'es-
« prit de Dieu prend cœur à son ouvrage avec le
« temps ; il proportionne les miracles aux misères ;
« après avoir fleuri dans les solitudes, il s'épanouit
« sur les grands chemins (1). »

(1) Vie de saint Dominique, par le R. P. Lacordaire, ch. 16.

Grâce au Ciel, on a pu, de nos jours encore, reconnaître l'arbre à ses fruits, et se convaincre que la durée des siècles n'en a pas épuisé la séve.

Le Tiers-Ordre a eu l'honneur, dans ces dernières années, de donner à l'Église des Confesseurs et des Martyrs. Durant la cruelle persécution qui vient de désoler l'Église du Tong-King, sept membres du Tiers-Ordre ont mêlé leur sang à celui de deux évêques dominicains, et de plusieurs religieux du même Ordre, pour la défense de la foi. Après de longues souffrances endurées avec une constance invincible, le premier d'entre eux qui eut ce bonheur fut le vénérable Joseph Uyen, qui mourut le 3 juillet 1838, confessant le nom du Seigneur au milieu des tourments jusqu'au dernier soupir. Le deuxième, le vénérable Joseph Canh, vieillard septuagénaire, voulut marcher au supplice revêtu de l'habit blanc du Tiers-Ordre, et eut la tête tranchée le 5 septembre de la même année. Les cinq autres, François-Xavier Mau, Dominique Uy, Thomas Dé, Augustin Moi, et Étienne Vinh, n'étaient encore que novices du Tiers-Ordre lorsqu'ils furent arrêtés le 29 juin 1838. Ne pouvant recevoir dans leur cachot la visite du Père missionnaire de leur district, ils lui envoyèrent leur profession dans une lettre qu'ils lui adressèrent sur la fin d'août 1839, et qui est un monument de la simplicité de leur obéissance et de la ferveur de leur foi. Elle fut écrite au nom de tous par le catéchiste Mau. Après y avoir rendu compte d'un interrogatoire que le grand mandarin venait de leur faire subir, et qui leur avait fourni l'occasion de confesser glorieusement la foi

de Jésus-Christ, ils continuent ainsi : « Nous sommes
« tous-les cinq novices du Tiers-Ordre, et dans les
« jours où le prescrit notre règle nous pouvons
« bien quelquefois observer le jeûne, mais nous ne
« le pouvons pas toujours. Nous supplions donc le
« Père d'étendre avec indulgence sa main libérale,
« et de pardonner à ses enfants. En outre, nous
« demandons à faire profession de la susdite règle
« du Tiers-Ordre, et nous conjurons le Père d'ad-
« mettre et recevoir notre profession ici écrite,
« comme si nous la faisions en sa présence et entre
« ses mains. Donc, à l'honneur de Dieu Tout-
« Puissant, Père, Fils et Saint-Esprit, nous Fran-
« çois-Xavier, Dominique, Thomas, Augustin et
« Etienne, en votre présence, R. P. Tuan, en la
« place du Révérendissime Maître Général de l'Ordre
« des Frères Prêcheurs et de la Pénitence de saint
« Dominique, faisons profession de vouloir vivre
« à l'avenir dans l'observance de la règle et des
« constitutions du Tiers-Ordre de saint Dominique,
« jusqu'à la mort. » N'est-ce pas un touchant
spectacle que celui de cinq jeunes gens soumis depuis plus d'une année à toutes les horreurs d'une
affreuse captivité, et qui s'accusent et demandent
pardon de ne pouvoir toujours observer avec exactitude les jeûnes et les abstinences de la règle?
Quel exemple et quelle leçon pour leurs frères
d'Europe!

Les bornes de cette notice ne permettent pas de
retracer en détail le tableau des vertus héroïques de
ces généreux confesseurs, et de reproduire avec
quelque étendue le récit de leurs combats et de leurs

triomphes; mais on peut dire que la Providence semble avoir voulu que rien ne manquât à leurs mérites et à leur gloire, et s'être complue à réunir dans leur martyre, pour l'édification de notre siècle, toutes les circonstances qui excitent le plus l'admiration dans l'histoire des martyrs de la primitive Église. Ainsi, visions consolantes et délices ineffables qui les faisaient *surabonder de joie au milieu de leurs longues et cruelles souffrances* (1); interrogatoires où le Seigneur se plaisait à *mettre sa parole dans leur bouche* (2), et à faire éclater sa sagesse dans leurs réponses pleines de modération, de force et de vérité; surprise et confusion des mandarins; conversion d'un grand nombre d'infidèles incarcérés avec eux, et qui, gagnés à la foi par leurs exhortations et leurs exemples, instruits et baptisés par eux dans les cachots, subissaient ensuite le supplice avec calme et confiance, en invoquant le nom du Dieu qui venait de les régénérer; soif ardente du martyre, qui leur faisait repousser avec indignation la liberté qui leur était offerte au prix de l'apostasie, ou seulement de la dissimulation et de la feinte : voilà une faible esquisse des faits glorieux contenus dans la relation de leur captivité (3). En la lisant, on croirait une page des actes des martyrs retrouvée dans les catacombes.

Ce ne fut qu'après dix-huit mois d'épreuves de tout genre, et d'une constance au-dessus de toutes

(1) II. Cor. VII, 4. — (2) Jér. 1, 9.
(3) Voir l'ouvrage italien intitulé : *Memorie delle Missioni cattoliche nel regno del Tunchino*, publié à Rome en 1834, et auquel ont été empruntés tous ces détails.

ces épreuves, qu'arriva enfin pour eux le jour tant désiré du dernier combat et de la délivrance. Ils en reçurent la nouvelle avec transport, et marchèrent au supplice avec une expression de sérénité, de recueillement et de bonheur, qui ne se démentit pas un instant. Ils furent tous étranglés en invoquant le saint nom de Jésus, le 19 décembre 1839.

C'est ainsi que le Tiers-Ordre, au xixe siècle, s'est noblement souvenu de son premier titre, en fournissant à *la Milice de Jésus-Christ* d'intrépides soldats, qui lui ont rendu *sur la terre le témoignage du sang* (1).

Après une information juridique faite sur les lieux mêmes, nos sept confesseurs ont été déclarés Vénérables par Grégoire XVI, qui a permis en même temps d'introduire la cause de leur béatification (2). Il y a donc lieu d'espérer que bientôt l'Église les honorera d'un culte public, et que le Tiers-Ordre pourra se glorifier de ces nouveaux intercesseurs.

(1) I. Joan., V, 8. — (2) Décret du 9 juillet 1843.

CHAPITRE II

EUGENIUS EPISCOPUS

SERVUS SERVORUM DEI,

AD PERPETUAM REI MEMORIAM.

PROVISIONIS nostræ debet provenire subsidio, ut jus suum cuilibet conservetur. Hinc est, quod nos tenorem quarumdam litterarum Innocentii, in sua obedientia (de qua partes infrascriptæ tunc erant) VII nuncupati, in ipsius regestro repertum, pro eo quod, sicut exhibita nobis nuper pro parte dilectorum filiorum Fratrum, ac dilectarum filiarum Sororum Ordinis Fratrum Prædicatorum, de Pœnitentia sancti Dominici nuncupatorum, in civitate nostra Eugubina degentium, petitio continebat, ipsi hujusmodi tenore ex certis causis se asserunt indigere; de regestro ipso de verbo ad verbum transcribi, et ad Fratrum et Sororum prædictorum instantiam præsentibus annotari fecimus, qui talis est.

INNOCENTIUS EPISCOPUS

SERVUS SERVORUM DEI,

AD PERPETUAM REI MEMORIAM.

SEDIS Apostolicæ providentia circumspecta, personas sub regulari observantia vacantes assidue studio piæ vitæ, benigno favore prosequitur, et ea quæ pro earum statu salubriter dirigendo provide ordinata sunt, ut illibata persistant, Apostolico consuevit munimine roborare. Sane petitio pro parte dilectorum filiorum Fratrum, et dilectarum in Christo filiarum Sororum Ordinis Prædicatorum, qui quidem Fratres et Sorores de Pœnitentia sancti Dominici nuncupantur, nobis nuper exhibita continebat, quod ipsi quamdam Regulam, sive religiose vivendi formam, in qua nonnulla honesta, et rationabilia, ac regulari disciplinæ congruentia, statuta et ordinata fore noscuntur, hactenus laudabiliter observarunt, prout observant : quodque licet Ordo, Fratres et Sorores hujusmodi variis per sedem Apostolicam sint privilegiis communiti; tamen pro solidiori eorum subsistentia, et ut, clementia Altissimi operante, de virtute in virtutem gradientes, devotiorem reddere valeant Domino famulatum, desiderant hujusmodi Regulam, seu vivendi formam per Sedem eamdem approbari. Quare pro parte Fratrum, et Sororum eorumdem nobis fuit humiliter supplicatum, ut Regulæ, seu vivendi formæ hujusmodi robur Apostolicæ confirmationis adjicere, illamque per dictos Fratres ac Sorores, præsentes et posteros, in perpetuum observari, mandare de benignitate apostolica dignaremur. Non igitur, qui super præmissis omnibus et singulis, Venerabilis Fratris nostri Angeli Episcopi Ostiensis (cui examinationem eorumdem commisimus per ipsum faciendam, et quod ea, quæ per illam reperiret, nobis referre curaret) relatione plenaria, et fideli fuimus clarius informati; hujusmodi supplicationibus inclinati, Regulam, sive vivendi formam, quam per singula ejus capitula clare et distincte, ac de verbo ad verbum præsentibus facimus annotari, nec non statuta, et ordinationes prædicta rata habentes, et grata, illa auctoritate Apostolica, et ex certa scientia confirmamus, et præsentis scripti pa-

trocinio communimus : et nihilominus Regulam, seu
vivendi formam eamdem per ipsos Fratres et Sorores,
præsentes et posteros, volumus, et mandamus per-
petuis futuris temporibus inviolabiliter observari.
Tenor vero Regulæ, seu vivendi formæ hujusmodi,
sequitur, et est talis.

CAPUT I.

DE RECIPIENDIS, ET EORUM CONDITIONE.

In primis, ut hic Ordo continuum, et perpetuum
de bono in melius recipere valeat incrementum, quod
ex receptione personarum bene dispositarum pluri-
mum noscitur dependere : volumus et ordinamus,
quod nullus recipiatur ad Ordinem hujus Fraternitatis, nisi per Magistrum, sive Directorem, et per
Priorem dictæ Fraternitatis, vel de ipsorum licentia,
ac etiam de assensu majoris partis Fratrum professorum Fraternitatis ejusdem illius loci; præmissa
tamen diligenti examinatione, quod si sit honestæ vitæ, et bonæ famæ, ac de hæresi nullatenus sit sus-
pectus; quin immo tanquam sancti Dominici singu-
laris in Domino filius, sit veritatis Catholicæ fidei
juxta suum modulum æmulator, ac relator præcipuus.
Qui etiam antequam Habitum hujus Religionis re-
cipiat, de alienis, si quæ habuerit, satisfaciat ad ple-
num, et proximis reconciliari, necnon et paratum,
sive conditum suum testamentum tenere studeat,
juxta consilium, et ordinationem confessoris discreti.
Et eadem examinatio fiat de mulieribus ingressum
hujus Ordinis petentibus; habentibus tamen viros,
non pateat ingressus ad consortium dictæ Fraternitatis, nisi de virorum suorum licentia et consensu;
de quo consensu fiat publicum Instrumentum. Idem
quoad hoc servari volentes in viris uxorem habentibus, nisi obstaret in ipsis, vel aliquo ipsorum aliqua

causa, quæ legitima judicaretur de consilio discretorum.

CAPUT II.

DE HABITU FRATRUM ET SORORUM.

OMNES autem tam Fratres, quam Sorores dictæ Fraternitatis induantur panno albo, et nigro; qui nec in colore, nec in valore nimiam pretiositatem prætendat, sicut decet honestatem servorum Christi. Mantellum sit de nigro, et Fratrum capucia similiter sint de nigro; tunicæ vero sint de albo, quarum manicæ protendantur usque ad pugnum, et sint clausæ. Corrigias de corio tantum habeant, quibus Sorores cingantur sub tunica. In bursis, et calceamentis, et cæteris omnem mundanam resecent vanitatem. Vela vero Sororum, et bindæ sint alba de panno lineo, vel cannabino.

CAPUT III.

DE BENEDICTIONE VESTIUM, SIVE HABITUS, ET DE MODO RECIPIENDI AD HUNC ORDINEM.

RECIPIATUR autem recipiendus in loco Capituli Fraternitatis, vel ante altare Ecclesiæ Fratrum Ordinis Prædicatorum illius loci, et a Magistro sive Directore supradicto, vel ejus Vicario. Qui Magister assistente induendo, et petente humiliter flexis genibus recipi, præsentibus aliquibus aliis Fratribus Prædicatoribus, et Priore Fraternitatis, vel ejus vices gerente, cum aliis de Fraternitate, benedicet primo Habitum ejus qui debet recipi, hoc modo, videlicet. *Ostende nobis, Domine, misericordiam tuam*, etc. *Dominus vobiscum*. Oremus. *Domine Jesu Christe, qui tegimen nostræ mortalitatis induere dignatus es*, etc. Postea vero tali Habitu benedicto, et per receptum seorsum induto, atque ad gradus altaris reverso, et ante Magistrum genuflexo, dicet Magister: *Veni Creator Spiritus;* et Fratres qui ei assistunt, ipsum prosequantur usque ad finem. Deinde dicatur, *Kyrie eleison. Christe eleison. Kyrie eleison. Pater noster,* etc. *Emitte Spiritum tuum,* etc. *Salvum fac servum tuum,* etc. *Dominus vobiscum.* Oremus. *Deus, qui corda,* etc., et *Prætende Domine,* etc.

Et responso *Amen,* aspergatur sic indutus a Magistro aqua benedicta. Deinde omnes Fratres Fraternitatis ipsum recipiant ad osculum pacis. Et eodem modo ante altare recipiantur mulieres, quemadmodum est de Fratribus supradictum.

CAPUT IV.

DE PROFESSIONE, SEU MODO PROFITENDI.

COMPLETO anno, vel ante, si Magistro et Priori supradictis, vel cui commiserint, et etiam majori parti Fratrum professorum Fraternitatis visus fuerit idoneus, ad professionem recipiatur. Profitebitur autem hoc modo, videlicet : *Ad honorem Omnipotentis Dei, Patris, et Filii, et Spiritus Sancti, et Beatæ Mariæ Virginis, et Beati Dominici; Ego* N. *coram vobis* N. *Magistro, et Priore Fratrum Ordinis de Pœnitentia Beati Dominici talis loci, profiteor, me velle de cætero vivere secundum Regulam et formam Fratrum et Sororum ejusdem Ordinis de Pœnitentia Beati Dominici usque ad mortem.* Mulieres vero eodem modo profiteantur, coram Magistro supradicto, et Priorissa, vel cui commiserit.

CAPUT V.

DE PERMANENTIA IN HOC STATU.

STATUIMUS autem, ut nullus Frater et Soror hujus Fraternitatis et Ordinis, post supradictam professionem, de hoc Ordine egredi valeat, nec eisdem ad saeculum reverti liceat : sed bene possint libere transire ad unam de approbatis Religionibus, tria vota solemnia profitentibus.

CAPUT VI.

DE HORIS CANONICIS DICENDIS.

FRATRES et Sorores dicant quotidie omnes horas Canonicas, nisi infirmitate impediantur. Pro Matutinis dicant viginti octo *Pater noster* : pro Vesperis, quatuordecim : pro qualibet aliarum Horarum , septem. Ad honorem vero Beatae Mariae semper Virginis, pro qualibet Hora superius nominata , tot *Ave Maria* , quot *Pater noster* dicere teneantur. Pro benedictione autem mensae dicant unum *Pater noster*. Cum vero surgunt a mensa, dicant similiter unum *Pater noster*, vel Psalmum *Miserere mei*, *Deus*, vel Psalmum *Laudate*, qui sciunt. Omnes etiam, qui sciunt Symbolum Apostolorum, videlicet *Credo in Deum*, dicant illud semel in principio Matutinarum; et etiam ante Primam, et quando Completorium fuerit terminatum. Qui autem sciunt, et dicunt Horas Canonicas, quemadmodum faciunt Clerici, praedicta *Pater noster* et *Ave Maria* dicere minime teneantur.

CAPUT VII.

DE SURGENDO AD MATUTINAS.

AD Matutinas Dominicis diebus et festivis, a festo Omnium Sanctorum usque ad festum Resurrectionis Dominicae omnes surgant. In adventu et Quadragesima surgant omni nocte. Qui vero occupantur quotidiano opere manuali, Horas suas dicere poterunt de mane usque ad Vesperas exclusive. De sero vero Vesperas, et Completorium simul dicant.

CAPUT VIII.

DE CONFESSIONE, ET COMMUNIONE.

Omnes quater in anno ad minus, videlicet in festo Nativitatis Domini, Resurrectionis ipsius, Pentecostes. et in festo Assumptionis, aut Nativitatis Beatæ Virginis peccata sua confiteantur diligenter, et Eucharistiæ devote studeant accipere Sacramentum; nisi forsan ex aliqua causa rationabili alicui ex ipsis esset a suis Confessoribus interdictum. Qui autem ex devotione sua sæpius voluerint communicare infra annum, petita a suo Prælato licentia, et obtenta, devotionem suam cum Dei benedictione poterunt executioni mandare.

CAPUT IX.

DE SILENTIO IN ECCLESIA OBSERVANDO.

In Ecclesia dum celebrantur Missæ, vel cantatur divinum Officium, seu actualiter ibidem proponitur verbum Dei, omnes silentium servare studeant; et orationi, ac divino Officio diligenter intendant; nisi ex aliqua speciali et occurrente necessitate aliquid silenter loquantur.

CAPUT X.

DE REVERENTIA EXHIBENDA ECCLESIARUM PRÆLATIS, ET ECCLESIIS EORUMDEM.

Fratres et Sorores Ecclesias, quarum Parochiani et Parochianæ existunt, juxta Canonicas Sanctiones, bonos mores, et cum omni devotione studeant visitare : Ecclesiarum suarum Prælatos, videlicet Episcopos et inferiores, summe revereantur; ipsorumque jura absque omni diminutione et fideliter eis solvant. Et hoc tam in decimis, quam oblationibus alias quomodolibet consuetis.

CAPUT XI.

DE JEJUNIIS.

A DOMINICA prima Adventus usque ad Nativitatem Domini, quotidie tam Fratres, quam Sorores jejunent : et similiter a Dominica in Quinquagesima usque ad Pascha Resurrectionis Domini idem observent. Ferias autem sextas jejunabunt omni tempore, et jejunia omnia ab Ecclesia instituta. Qui autem voluerint amplius jejunare, seu austeritates alias facere, poterunt, habita licentia a Prælato suo, vel de consilio Confessoris discreti.

CAPUT XII.

DE CIBO.

FRATRES, et Sorores hujus Fraternitatis uti possunt carnibus diebus Dominicis, et tertia, et quinta feria : cæteris vero diebus abstineant, nisi sint infirmi, aut multum debiles, vel minuti; vel nisi præcipuum festum fuerit illa die, aut quia essent in itinere constituti.

CAPUT XIII.

DE DISCURSU FRATRUM, ET SORORUM.

VAGOS, curiososque discursus per civitatem non faciant : Sorores vero solæ non discurrant, maxime juniores. Ad nuptias, et choreas, sive ad dissoluta, et mundana convivia, sive ad vana spectacula, nullo modo accedant. De civitate vero, seu castro ubi habitant, non exeant etiam causa peregrinationis, absque licentia speciali Prælati, vel Magistri Fraternitatis jam dictæ.

CAPUT XIV.

DE ARMIS A FRATRIBUS NON FERENDIS.

INVASIONIS, seu impugnationis arma secum Fratres non deferant; nisi propter defensionem fidei Christianæ, aut alia rationabili causa, et de Suorum Prælatorum licentia.

CAPUT XV.

DE INFIRMIS VISITANDIS, ET PROCURANDIS.

Deputentur per Priorem duo ex Fratribus, qui cum quempiam ex eisdem noverint infirmari, ipsum quam citius potuerint, charitative studeant visitare : et statim a principio, ad recipiendam pœnitentiam, et alia Ecclesiastica Sacramenta eumdem efficaciter adhortentur; et si necesse fuerit ministerium corporale (prout commode poterunt), eidem studeant adhibere. Si vero fuerit pauper, necessaria de bonis propriis, vel communibus (prout facultas permiserit), sibi ministrare procurent. Et idem faciant Sorores circa Sorores suas infirmas.

CAPUT XVI.

DE OBITU FRATRUM ET SORORUM, ET SUFFRAGIIS EORUMDEM.

Quando continget aliquem ex Fratribus ex hac luce migrare, cæteris Confratribus, qui sunt in eadem civitate vel castro, nuncietur ut procurent defuncti exequiis personaliter interesse; a quibus non recedent, donec corpus fuerit traditum sepulturæ. Hoc idem circa Sorores decedentes volumus observari. Præterea infra octo Dies post ipsius defuncti sepulturam immediate sequentes, quilibet Frater et Soror dicat pro anima ejus, Sacerdotes unam Missam, sciens vero psalterium, Psalmos quinquaginta; illitterati vero centum *Pater noster* dicant, addendo in fine cujuslibet, *Requiem æternam,* etc. Et præter hæc quilibet infra annum pro Fratrum, et Sororum, tam vivorum, quam defunctorum salute tres Missas faciet celebrare; qui vero sciunt psalterium, illud dicant, et cæteri quinginta *Pater noster* dicere teneantur.

CAPUT XVII.

DE INSTITUTIONE PRIORIS, ET PRIORISSÆ.

PRIORE Fraternitatis mortuo, vel amoto, Magister sive Director Fraternitatis cum consilio antiquorum de Fraternitate instituat Priorem. Singulis autem annis infra octavas Paschæ, vel alio tempore, supradictus Magister habeat consilium cum antiquioribus de Fraternitate super amotione, vel confirmatione Prioris; et sic Priorem confirmare, vel amovere poterit, secundum quod ipse cum præfatis judicaverit expedire. Consimiliter etiam de consilio dicti Magistri, et aliquorum de Fraternitate magis antiquorum, poterit Prior Fraternitatis ordinare de Suppriore, vel Vicario Fraternitatis, et etiam postmodum confirmare, vel amovere, secundum quod eisdem visum fuerit expedire. Qui Supprior, vel Vicarius tantam potestatem habeat, quantam Prior sibi concedet. Et hæc eadem forma in institutione Priorissæ, et Suppriorissæ simili modo observetur.

CAPUT XVIII.

DE OFFICIO PRIORIS, ET PRIORISSÆ.

PRIORIS officium erit, cum omni diligentia servare in se quæ in Regula scripta sunt, et sollicitam dare operam, ut ab aliis Confratribus observentur. Si quos vero viderit transgredientes, aut etiam negligentes, charitative corripiat, et emendet : vel si magis sibi videbitur expediens, Fraternitatis Magistro et Directori, ut corrigat, poterit intimare. Priorissæ etiam erit officium, sollicite Ecclesiam visitare; cæteras etiam Sorores excitare ad observantiam regularem : diligenter etiam per seipsam, et alias quibus imponet, observare, quod in incessu, statu, habitu, nihil per aliquam Consororem fiat, quod cujusquam merito turbare possit aspectum. Præcipue autem attendat, ne Sorores cum quocumque viro cujuscumque conditionis existat, familiaritatem contrahant, maxime juniores : nisi forsan talis vir Sorori illi sit conjunctus tertio ad summum consanguinitatis gradu; sitque præterea, et bonæ vitæ, et famæ integerrimæ.

CAPUT XIX.

DE CORRECTIONE FRATRUM, ET SORORUM.

Si quis notatus fuerit de aliqua familiaritate suspecta, et ter admonitus per Prælatum, se non emendaverit; excludatur ad tempus a Capitulo, et consortio cæterorum Confratrum. Quod si nec sic se correxerit, tunc de Fratrum consilio discretorum, de ipsorum penitus consortio publice excludatur : nec admittatur de cætero, nisi Confratribus omnibus videatur esse correctus.

Item, si quis Confratri, vel alteri cuicumque opprobrium dixerit, quod sonare infamiam videatur; aut ex ira quemquam percusserit, vel ad locum prohibitum ire præsumpserit, seu inobedientiam quamcumque commiserit, aut etiam Prælato mendacium ex industria dixisse deprehensus fuerit : abstinentia panis et aquæ, vel exclusione a capitulo, aut etiam a Consortio aliorum Fratrum, plus vel minus, secundum conditionem personæ, et exigentiam delicti, gravius vel levius corrigatur.

Item, si quis crimen mortale commiserit, talis de consilio majoris partis Fratrum professorum Fraternitatis illius loci secundum exigentiam culpæ et conditionem personæ, gravius vel levius puniatur; sic tamen quod sit cæteris in exemplum. Quam punitionem si ferre recusaverit, de consilio discretorum de isto Ordine expellatur. Circa Sororum vero correctionem illud idem volumus per omnia observari.

CAPUT XX.

DE CONGREGATIONE FRATRUM ET SORORUM, ET INSTITUTIONE MAGISTRI, SIVE DIRECTORIS EORUMDEM.

In quolibet autem mense semel, certa die et hora per supradictum Magistrum, vel ejus Vicarium deputandis, ad Ecclesiam Fratrum Prædicatorum conveniant Fratres omnes Ordinis Fraternitatis, Dei verbum, et etiam Missam, si hora competens fuerit, pariter audituri. Et tunc per ipsum Magistrum ipsis legatur Regula ista, et exponatur; et tunc de agendis Fratres informet, et negligentes corrigat, et emendet, prout secundum Deum, et istam Regulam, seu vivendi formulam viderit expedire. In cujuslibet etiam mensis prima sexta feria Sorores ad Ecclesiam Fratrum Prædicatorum conveniant, similiter Dei verbum, et Missam communiter audituræ, quibus etiam legatur Regula ista, et exponatur, de suisque excessibus corrigantur per Magistrum deputatum eisdem. Volumus autem, quod in qualibet civitate, et castro, ubi fuerint Fratres, et Sorores hujusmodi, habeant in Magistrum, et Directorem aliquem idoneum Fratrem Sacerdotem de Ordine Prædicatorum; quem postulaverint a Generali Magistro, vel Provinciali illius Provinciæ dicti Ordinis Prædicatorum, aut quem ipse Generalis Magister, seu Provincialis, per se vel alium, eisdem concedere, et assignare decreverit. Volentes insuper, et statuentes, universos Fratres, et Sorores hujusmodi de Pœnitentia Beati Dominici ubicumque existant,

directioni, et correctioni ipsius Generalis Magistri
Ordinis antedicti, et Prioris Provincialis illius Provinciæ ejusdem Ordinis, pro eorumdem ampliori con-
servatione, et promotione totaliter subjacere, quantum ad illa videlicet, quæ eorumdem vivendi modum,
et formulam concernere dignoscuntur.

CAPUT XXI.

DE DISPENSATIONE FACIENDA, RATIONABILI CAUSA CONCURRENTE.

PRIOR Fraternitatis cum Fratribus suis, et Priorissa cum suis Sororibus, Magister autem et Director
eis deputatis cum utrisque, in abstinentiis, jejuniis,
et austeritatibus aliis in supradictis Capitulis conten-
tis, ex causa legitima, et rationabili, cum expedire
viderint, poterunt dispensare.

CAPUT XXII.

DE OBLIGATIONE HUJUS REGULÆ, ET VIVENDI FORMULÆ.

DEMUM, quemadmodum in Constitutionibus Ordinis Fratrum Prædicatorum continetur; ita volumus, et ordinamus, quod in ista Regula, seu vivendi
formula habeatur; videlicet, quod præter Divina, et
Ecclesiæ præcepta, atque statuta in ea contenta, in
reliquis hujusmodi Regulæ constitutionibus, sive
ordinationibus, Fratres et Sorores ad culpam nullatenus obligentur, sed solum ad pœnam. Quam cum
a Prælato, vel Magistro continget ex quavis transgressione imponi, per transgressorem humiliter et
prompte suscipiatur, et similiter opere perficiatur,
cooperante gratia Domini, et Redemptoris nostri
JESU Christi. Qui cum Patre, et Spiritu Sancto vivit
et regnat Deus per omnia sæcula sæculorum. Amen.

Explicit Regula Tertii Ordinis.

Nulli ergo omnino hominum liceat hanc paginam nostræ confirmationis, communitionis, voluntatis, et mandati infringere, vel ei ausu temerario contraire. Si quis autem hoc attentare præsumpserit, indignationem Omnipotentis Dei, et Beatorum Petri et Pauli Apostolorum ejus, se noverit incursurum. Datum Romæ apud Sanctum Petrum, vj. Kalen. Julii. Pontificatus nostri anno primo.

Explicit Bulla Innocentii VII.

Cæterum ut earumdem litterarum tenor prædictus sic insertus omnimodam rei seu facti certitudinem faciat; Apostolica auctoritate decernimus, ut illud idem robur, eamque vim, eumdemque vigorem dictus tenor per omnia habeat, quæ haberent originales litteræ supradictæ, et eadem prorsus eidem tenori fides adhibeatur, quandocumque, vel ubicumque, sive in judicio, sive alibi, ubi fuerit exhibitus, vel ostensus, ut eidem stetur firmiter in omnibus, sicut eisdem originalibus litteris staretur, si forent exhibitæ, vel ostensæ. Per hoc autem nullum jus cuiquam de novo acquiri volumus, sed antiquum tantummodo conservari. Nulli ergo omnino hominum liceat hanc paginam nostræ constitutionis, et voluntatis infringere, vel ei ausu temerario contraire. Si quis autem hoc attentare præsumpserit, indignationem Omnipotentis Dei, et Beatorum Petri et Pauli Apostolorum ejus, se noverit incursurum. Datum Florentiæ, anno Incarnationis Dominicæ 1439, pridie Idus Maii, Pontificatus nostri anno nono.

Explicit Bulla Eugenii IV.

RÈGLE
DU TIERS-ORDRE
ET
BULLES DE CONFIRMATION

EUGÈNE, ÉVÊQUE,
SERVITEUR DES SERVITEURS DE DIEU,
POUR PERPÉTUELLE MÉMOIRE.

Il appartient à la sollicitude de notre charge de veiller au maintien et à la conservation de tous les droits. C'est pourquoi, vu la teneur de certaines lettres d'Innocent VII, insérées au recueil de ses actes, et sur les instances qui nous ont été adressées de la part de nos bien-aimés enfants les Frères et les Sœurs de l'Ordre des Frères Prêcheurs, vulgairement appelés de la Pénitence de saint Dominique, établis dans notre ville d'Eugubio, pressé de nous rendre aux raisons d'utilité qui leur en font vivement désirer la publication, nous avons fait transcrire mot pour mot et annexer aux présentes, suivant la demande des Frères et Sœurs susdits, ces mêmes lettres, ainsi qu'il suit :

INNOCENT, ÉVÊQUE,

SERVITEUR DES SERVITEURS DE DIEU,
POUR PERPÉTUELLE MÉMOIRE.

La vigilante sollicitude du Siége Apostolique s'étend avec une faveur toute bienveillante aux personnes qui se livrent assidûment, sous les lois de l'observance régulière, aux pratiques de la piété chrétienne ; et afin de maintenir sans altération les sages règlements établis pour diriger et sanctifier leur vie, le Saint-Siége se plaît à les fortifier du poids de son autorité. Aussi une demande nous a-t-elle été présentée récemment de la part de nos enfants bien-aimés les Frères et les Sœurs de l'Ordre des Frères Prêcheurs, appelés ordinairement Frères et Sœurs de la Pénitence de saint Dominique, dans laquelle on nous exposait qu'ils avaient jusqu'à ce jour suivi par un louable usage, et qu'ils suivaient encore une certaine Règle ou forme de vie religieuse, dans laquelle on sait que se trouve nombre de statuts et règlements honnêtes, raisonnables et conformes à la discipline régulière ; que, bien que cet Ordre et les Frères et Sœurs qui lui appartiennent, aient été déjà gratifiés de divers priviléges par le Siége Apostolique, cependant pour le plus grand affermissement de leur Institut, et pour qu'avec le secours du Très-Haut, marchant de vertus en vertus, ils puissent servir le Seigneur avec un plus parfait dévouement, ils désirent encore pour cette Règle ou forme de vie l'approbation du même Siége Apostolique. C'est pourquoi, de la part des Frères et Sœurs de cet Ordre, on nous supplia humblement de daigner, par une bienveillance digne de ce Siége, ajouter à cette Règle ou forme de vie régulière l'autorité d'une confirmation pontificale, et ordonner qu'elle soit désormais observée à perpétuité par lesdits Frères et Sœurs présents et à venir. Nous donc, ayant recueilli sur tous et chacun de ces points des informations encore plus claires d'après la relation complète et fidèle de notre vénérable frère Ange, Évêque d'Ostie, à qui nous en avions confié l'examen, pour qu'il nous en fît son rapport; condescendant aux supplications qui nous ont été présentées, et reconnaissant comme digne de notre approbation la Règle ou forme de vie régulière que nous donnons ici transcrite clairement et distinctement, mot pour mot, chapitre par chapitre, avec les prescriptions et ordonnances susmentionnées; de notre autorité Apostolique, et de science certaine, nous les confirmons et les plaçons sous la protection du présent décret : et néanmoins nous voulons et ordonnons pour les temps futurs à perpétuité que cette même Règle ou forme de vie régulière soit observée inviolablement par ces mêmes Frères et Sœurs présents et à venir. Or la teneur de la susdite Règle ou forme de vie est comme il suit :

CHAPITRE Ier.

DE CEUX QUI DOIVENT ÊTRE REÇUS, ET DE LEURS QUALITÉS.

En premier lieu, pour que cet Ordre puisse prendre un accroissement continu et perpétuel de bien en mieux, ce qui, comme on le reconnaît, dépend essentiellement de la réception de personnes bien disposées, nous voulons et ordonnons qu'aucun Membre n'y puisse être admis que par le Maître ou Directeur, et par le Prieur de la Fraternité, ou bien de leur consentement et avec le suffrage de la majorité des Frères profès de la Fraternité du même lieu (1), mais toujours après une exacte information de sa conduite, de ses mœurs, de sa réputation, de la pureté de sa foi, et même du zèle avec lequel, comme un véritable enfant spirituel de saint Dominique, il se montre jaloux de propager et de défendre dans la mesure de ses forces la vérité de la Foi catholique. Il doit de plus, avant de prendre l'habit, satisfaire intégralement à ses dettes, s'il en a ; se réconcilier avec son prochain, et prendre soin de préparer ou de faire son testament d'après le conseil et les avis d'un sage Confesseur (2). Le même examen doit avoir lieu à l'égard des femmes qui demandent à entrer dans l'Ordre ; et pour celles qui sont mariées, l'entrée leur en est interdite, à moins de la permission et du consentement de leurs maris, consentement qui sera constaté par un acte public. Nous voulons que la même chose s'observe à l'égard des hommes mariés, à moins qu'il n'existe pour eux ou pour quelqu'un d'entre eux quelque motif d'excuse, qui, de l'avis d'hommes sages, soit jugé légitime.

(1) Cette condition ne s'applique pas au Tiers-Ordre individuel, et n'a lieu que pour l'admission dans la Confraternité.

(2) S'il est exigé que l'on ait fait son testament avant d'entrer dans le Tiers-Ordre, c'est pour éviter, en cas de mort, les inconvénients d'une succession douteuse.

Et s'il est fait mention d'un Confesseur, c'est qu'il n'est guère de circonstance importante où le Chrétien ne consulte celui qu'il a librement choisi pour diriger sa conscience.

CHAPITRE II.

DU VÊTEMENT DES FRÈRES ET SŒURS (1).

Tous les Frères et les Sœurs de ladite Fraternité seront vêtus d'étoffes de couleur blanche et noire, qui ne soient pas trop précieuses, ni dans la couleur, ni dans le tissu, comme il convient à la modestie des serviteurs de J.-C. (2). Le manteau et les capuces des Frères seront noirs ; les tuniques seront blanches, et les manches viendront jusqu'au poignet et seront fermées (3). La ceinture ne sera que

(1) Voyez le chapitre suivant du Manuel, *page* 397.

(2) Les prescriptions de ce chapitre ne changeaient rien à la forme commune des vêtements en usage à cette époque : elles en déterminaient seulement la couleur et la simplicité. Aussi n'y est-il pas fait mention du scapulaire, qui a toujours été l'habit propre du Grand-Ordre : et l'on voit par toutes les anciennes peintures qui représentent sainte Catherine de Sienne, les Bienheureuses Benvenuta, Osanna, Jeanne d'Orviète, etc., que les Tertiaires à cette époque ne portaient pas le scapulaire ; que l'usage ne s'en introduisit que dans la suite, et il fut autorisé en 1667 pour les Tertiaires vivant en communauté, par un décret de la S. Congrégation, approuvé par Clément IX.

(3) Depuis que les changements survenus dans les modes urent fait de la forme du costume ancien un habit distinctif, il devint à peu près exclusivement réservé aux Tertiaires cloîtrées : un chapitre général de l'Ordre tenu en 1551, défendit même de la manière la plus absolue, à moins d'une dispense que peut seul accorder le Maître-Général, de donner l'habit à aucune femme qui ne fût âgée de quarante ans au moins, et pourvue d'un revenu suffisant à son honnête subsistance ; et un décret de la S. Congrégation des Évêques et Réguliers du 20 décembre 1616, exige en outre le consentement de l'Évêque.

de cuir, et les Sœurs la porteront sous leur robe (1).
Dans leurs bourses, chaussures, et autres objets, ils
retrancheront toute vanité mondaine. Les voiles et
les bandeaux des Sœurs seront de toile blanche de
lin ou de chanvre.

CHAPITRE III.

DE LA BÉNÉDICTION DES VÊTEMENTS OU DE L'HABIT, ET DE LA MANIÈRE DE RECEVOIR A L'ORDRE.

Celui qui veut être admis sera reçu dans le chapitre de la Fraternité ou devant l'autel de l'église
des Frères Prêcheurs du lieu, par le P. Maître ou
Directeur de la Fraternité ou par son Vicaire. Il se
mettra à genoux devant lui, et lui demandera humblement à être reçu, en présence de quelques Frères
Prêcheurs, du Prieur de la Fraternité ou de celui
qui le remplace et du reste des Frères. Le P. Directeur bénira d'abord l'habit de celui qui doit être
reçu, de cette manière : « *Ostende nobis, Domine,
misericordiam tuam, etc. Dominus vobiscum, etc.
Oremus. Domine Jesu Christe, qui tegimen nostræ
mortalitatis, etc.* » L'habit étant béni, le postulant
le revêtira à l'écart; étant ensuite revenu au pied
de l'autel, et s'étant agenouillé devant le P. Directeur, celui-ci commencera le *Veni Creator*, qui sera
continué jusqu'à la fin par les Frères assistants. Ensuite on dit : *Kyrie eleison. Christe eleison. Kyrie
eleison. Pater noster, etc. Emitte spiritum tuum, etc.*

(1) Dans la tradition catholique, la ceinture de cuir est un
symbole de pureté et d'humilité, aussi bien que la couleur
blanche ou noire fixée pour les habits *ad innocentiæ et humilitatis indicium.* (Prière pour la bénédiction de l'habit.)

Sálvum fac servum tuum, etc. *Dominus vobiscum*, etc. *Oremus. Deüs, qui corda*, etc. *Prœtende, Domine*, etc. Après qu'on aura répondu *Amen*, le P. Directeur donnera de l'eau bénite à celui qui vient de prendre l'habit. Ensuite, tous les Frères le recevront au baiser de paix. Les femmes seront reçues devant l'autel de la même manière qu'on vient de dire pour les Frères.

CHAPITRE IV.

DE LA PROFESSION, OU MANIÈRE DE PROFESSER.

A la fin de l'année ou même plus tôt, si le P. Directeur et le Prieur ou ceux qu'ils en auront chargés, et aussi la majorité des Frères profès, jugent le novice propre à être admis, on le recevra à la profession, qu'il fera de cette manière : *A l'honneur de Dieu tout-puissant, Père, Fils, et Saint-Esprit, et de la Bienheureuse Vierge Marie, et de saint Dominique, Moi Frère N., en votre présence, mon Révéreud Père N., Directeur du Tiers-Ordre de la Pénitence de saint Dominique, établi en cette ville de N., fais ma profession et promets que je veux vivre suivant la Règle et les statuts du Tiers-Ordre des Frères et des Sœurs de la Pénitence de saint Dominique, jusqu'à la mort.* Les femmes feront profession de la même manière, en présence du Directeur et de la Prieure ou de celle qu'elle aura chargée de la remplacer.

CHAPITRE V.

DE LA PERSÉVÉRANCE DANS L'ORDRE.

Nous ordonnons qu'aucun des Frères et Sœurs de

cet Ordre et Fraternité ne puisse après sa profession sortir de l'Ordre, ni retourner au siècle ; mais qu'il puisse cependant passer librement à une des Religions approuvées où l'on professe les trois vœux solennels (1).

CHAPITRE VI.

DE LA RÉCITATION DES HEURES CANONIALES (2).

Les Frères et Sœurs diront chaque jour toutes les Heures canoniales, à moins qu'ils n'en soient empêchés par quelque infirmité. Ils diront 28 *Pater* pour Matines, 14 pour Vêpres, et 7 pour chacune des autres Heures. En outre, à l'honneur de la B. Marie toujours vierge, ils seront tenus de dire pour chaque Heure dont nous venons de parler autant d'*Ave* que de *Pater*. Pour la bénédiction de la table, ils diront un *Pater* : et en se levant de table, ils diront un *Pater* ou le Psaume *Miserere* ou le Psaume *Laudate*, s'ils le savent. De même aussi ceux qui sa-

(1) Quoique la profession du Tiers-Ordre n'oblige point par vœu, il est cependant aisé de comprendre que l'inconstance qui ferait abandonner après la profession un Ordre fondé par un Saint, approuvé par l'Église, et enrichi de tant de faveurs spirituelles, ne saurait être sans péché, à moins qu'on ne le quitte pour embrasser un état plus parfait, tel qu'est celui de la vie religieuse.

Sans vouloir déterminer absolument la gravité de la faute que commettrait un Tertiaire profès en se retirant du Tiers-Ordre, on peut dire qu'en tout cas sa faute serait proportionnée au déréglement de la volonté qui la lui ferait commettre : il se rendrait donc certainement coupable de péché mortel, s'il agissait en cela par mépris ou par paresse proprement dite.

(2) Voyez le chapitre suivant du Manuel, *page* 398.

vent le *Symbole des Apôtres* ou *Credo*, le diront une fois au commencement de Matines, au commencement de Prime, et après Complies. Mais ceux qui savent et récitent les Heures canoniales, comme les Clercs, ne seront nullement tenus de réciter les *Pater* et *Ave*.

CHAPITRE VII.

DU LEVER DE MATINES.

Tous se lèveront pour Matines, les Dimanches et Fêtes, depuis la solennité de la Toussaint jusqu'à celle de Pâques. Pendant l'Avent et le Carême, ils se lèveront chaque nuit (1). Pour ceux qui sont occupés à des travaux manuels quotidiens, ils pourront dire le matin leurs Heures jusqu'à Vêpres exclusivement, et le soir ils diront en même temps Vêpres et Complies (2).

(1) L'office de nuit a toujours été en usage dans l'Église, de même que les saintes Veilles ont toujours joué un grand rôle parmi les moyens de pénitence et de sanctification qu'elle présente à ses enfants. A l'époque où fut composée la Règle du Tiers-Ordre, l'Office de nuit, célébré dans une multitude d'églises collégiales, de monastères et de couvents, était chose commune et ordinaire. Grand nombre de fervents chrétiens avaient la dévotion d'y assister, sans que personne songeât à s'en étonner ; il était donc tout simple que les Tertiaires fussent appelés à s'unir aux Religieux du Grand-Ordre, soit à l'église, soit dans leurs maisons, pour se préparer par la veille et la prière à la célébration des principales solennités de l'année et surtout des fêtes de Noël et de Pâques.

(2) La dispense accordée ici aux personnes occupées d'un travail manuel s'applique à plus forte raison aux personnes infirmes ou d'une santé débile.

CHAPITRE VIII.

DE LA CONFESSION ET DE LA COMMUNION (1).

Tous devront, au moins quatre fois l'an, savoir aux Fêtes de Noël, Pâques, la Pentecôte et l'Assomption ou la Nativité de la sainte Vierge, confesser avec soin leurs péchés, et se disposer à recevoir dévotement le Sacrement d'Eucharistie, à moins que la réception de ce Sacrement ne soit, pour une bonne raison, interdite à quelqu'un d'entre eux par son Confesseur. Quant à ceux qui par dévotion voudront communier plus souvent dans l'année, ils pourront avec la bénédiction divine, après en avoir demandé et obtenu l'autorisation de leur supérieur (2), mettre à exécution leur pieux désir.

CHAPITRE IX.

DE L'OBSERVATION DU SILENCE A L'ÉGLISE.

A l'église, pendant la Messe, le chant de l'Office divin, ou la prédication de la parole de Dieu, que

(1) Voyez le chapitre suivant du Manuel, *page* 399.

(2) Le Supérieur dont il est ici parlé n'est pas le Confesseur, mais bien le Prieur, ou plutôt encore le P. Directeur de la Fraternité. Et quoique l'usage actuel et le consentement tacite des Supérieurs autorisent les Tertiaires à la communion fréquente de l'avis seulement de leur Confesseur, cependant le dernier Manuel du Tiers-Ordre imprimé à Rome fait observer avec beaucoup de raison que s'il s'agit de les admettre à la communion très-fréquente et surtout à la communion quotidienne, la permission du Confesseur ne suffit plus, et qu'ils doivent obtenir le consentement du Supérieur, afin que la Fraternité ne soit pas exposée à se trouver compromise par la dévotion indiscrète et mal réglée de quelques-uns de ses Membres.

tous aient soin de garder le silence; qu'ils apportent une attention diligente à la prière et à l'Office divin; et si quelque nécessité pressante et imprévue les oblige à parler, qu'ils le fassent à voix basse.

CHAPITRE X.

DU RESPECT A RENDRE AUX SUPÉRIEURS ECCLÉSIASTIQUES ET A LEURS ÉGLISES.

Les Frères et les Sœurs doivent, selon la prescription des Saints Canons et les convenances chrétiennes, fréquenter avec grande dévotion leurs paroisses respectives, témoigner le plus grand respect aux Prélats de leurs Églises, Évêques ou inférieurs, et acquitter fidèlement et sans aucune restriction toutes les redevances auxquelles ces derniers ont droit, aussi bien pour les décimes que pour toute espèce d'offrandes accoutumées (1).

CHAPITRE XI.

DES JEUNES (2).

Les Frères et Sœurs jeûneront tous les jours depuis le premier Dimanche de l'Avent jusqu'à Noël (3), et depuis le Dimanche de la Quinquagésime

(1) Le but de ce chapitre est d'inculquer la soumission aux Supérieurs Ecclésiastiques, et de faire bien comprendre aux Membres du Tiers-Ordre que leur profession, loin de relâcher en quoi que ce soit pour eux les liens de l'obéissance, leur impose, au contraire, une obligation plus étroite d'en donner eux-mêmes l'exemple en toute occasion, et de travailler à se sanctifier par l'accomplissement de tous les devoirs de bons et fervents paroissiens.

(2) Voyez le chapitre suivant du Manuel, *page 400.*

(3) Il en est du premier Dimanche de l'Avent et du Dimanche

jusqu'à Pâques (1). Ils jeûneront encore tous les vendredis de l'année (2), et tous les jours de jeûne institués par l'Église (3); ceux qui voudraient jeûner davantage et pratiquer d'autres austérités, le pourront avec la permission de leur Supérieur ou par le conseil d'un Confesseur prudent.

CHAPITRE XII.

DU MANGER (4).

Les Frères et les Sœurs peuvent manger de la viande le dimanche, le mardi et le jeudi; ils feront maigre les autres jours, à moins qu'ils ne soient malades, ou d'une santé très-faible, ou qu'ils n'aient été saignés; à moins encore qu'une grande fête ne tombe ce jour-là (5), ou qu'ils ne soient en voyage.

de la Quinquagésime pour les Tertiaires comme des Dimanches de Carême pour les simples fidèles : on n'y est tenu qu'à l'abstinence et non pas au jeûne.

(1) Cette loi de mortification pendant les trois derniers jours du carnaval est commune aux Tertiaires avec les Religieux de l'Ordre. Loi d'expiation et de réparation, elle est souverainement conforme au double esprit du Tiers-Ordre, qui est un esprit de zèle et de pénitence.

(2) « Je ne crois pas, » dit l'auteur d'un Manuel du Tiers-Ordre imprimé en 1680, « qu'il y ait personne des aspirants « qui soit si lâche et si peu courageux que de s'en rebuter « par les jeûnes des vendredis, puisqu'il y a des personnes « de toutes sortes de sexe, d'âges et de conditions qui en « ont l'usage et la pratique. » En pourrait-on dire autant de nos jours?

(3) Toute cause de nature à dispenser de l'obligation des jeûnes d'Église dispense à plus forte raison des jeûnes prescrits par la Règle.

(4) Voyez le chapitre suivant du Manuel, *page* 400.

(5) Un chapitre général de l'Ordre, tenu en 1439, a dé-

CHAPITRE XIII.

DES SORTIES DES FRÈRES ET DES SŒURS (1).

Ils ne se promèneront point dans la ville par un esprit de curiosité ou de dissipation : quant aux Sœurs, elles ne sortiront point seules, surtout les plus jeunes. Il leur est interdit à tous d'assister aux noces, aux festins dissolus et mondains, aux bals et aux spectacles. Ils ne pourront non plus sortir de la ville ou du bourg qu'ils habitent, même pour un pèlerinage, sans la permission spéciale du Supérieur ou du P. Directeur de la Fraternité.

CHAPITRE XIV.

DE NE POINT PORTER D'ARMES.

Les Frères ne porteront aucune arme offensive ou destinée à l'attaque, si ce n'est pour la défense de la Foi chrétienne, ou par quelque autre motif bien fondé, et du consentement de leurs supérieurs.

claré qu'on devait entendre par ces mots de grandes fêtes toutes celles qui dans l'ordre sont du rit double et au-dessus ; et comme depuis cette époque le nombre s'en est beaucoup augmenté, à peine se trouve-t-il maintenant un jour ou deux par mois où les Tertiaires ne soient pas dispensés de l'abstinence par la Règle elle-même, ainsi qu'il est aisé de s'en convaincre en consultant le Directoire de l'Office Dominicain. On voit, d'après cela, que la dispense du maigre que nous sommes dans l'usage d'accorder aux Membres du Tiers-Ordre se réduit de nos jours à bien peu de chose.

(1) Voyez le chapitre suivant du Manuel, *page 400.*

CHAPITRE XV.

DE LA VISITE ET DU SOIN DES MALADES.

Le Prieur désignera deux Frères, qui, aussitôt qu'ils sauront un de leurs Frères atteint de quelque maladie, iront le visiter charitablement et avec tout l'empressement possible : ils devront tout d'abord l'exhorter efficacement à recevoir le Sacrement de Pénitence et les autres Sacrements de l'Église, et lui rendre, s'il est besoin, tous les services corporels qui dépendront d'eux. Si le malade est pauvre, qu'ils lui procurent selon leur pouvoir, soit à leurs frais, soit sur les ressources de la Fraternité, les choses qui lui sont nécessaires. Les Sœurs feront de même à l'égard de leurs Sœurs malades.

CHAPITRE XVI.

DE LA MORT DES FRÈRES ET DES SŒURS, ET DES SUFFRAGES POUR LES DÉFUNTS (1).

Quand un des Frères viendra à mourir, on le fera savoir aux autres Frères qui sont dans la même ville ou dans le même bourg, afin qu'ils aient soin d'assister personnellement aux funérailles du défunt, et ils ne devront point alors se retirer avant que le corps n'ait été mis en terre. Nous voulons que la même chose s'observe aux décès des Sœurs. De plus, les huit jours qui suivront immédiatement la sépulture, chaque Frère et chaque Sœur priera ainsi pour l'âme du défunt. Les Prêtres diront une Messe ; ceux qui savent le psautier cinquante Psaumes, et ceux qui ne savent pas lire diront cent

(1) Voyez le chapitre suivant du Manuel, *page* 401.

Pater, et à la fin de chacun l'antienne *Requiem* (1). En outre, chaque Membre devra faire célébrer trois Messes par an pour tous les Frères et Sœurs vivants et morts (2). Ceux qui savent le psautier le diront à cette intention, et les autres devront dire cinq cents *Pater*.

CHAPITRE XVII.
DE L'INSTITUTION DU PRIEUR ET DE LA PRIEURE.

Quand le Prieur de la Fraternité vient à mourir ou à cesser ses fonctions, le P. Maître ou Directeur, ayant pris l'avis des Frères anciens, instituera un nouveau Prieur : et tous les ans dans l'octave de Pâques ou à une autre époque, le P. Directeur tiendra conseil avec les Frères anciens pour délibérér ensemble sur la déposition ou la confirmation du Prieur : et ainsi il pourra confirmer ou déposer le Prieur, selon que, d'accord avec eux, il le jugera à propos. De même aussi, de concert avec le P. Directeur et quelques-uns des plus anciens Frères, ce Prieur pourra nommer un Sous-Prieur ou Vicaire da la Fraternité, et ensuite le confirmer ou le déposer, selon qu'ils le jugeront expédient. Ce Sous-Prieur ou Vicaire n'aura d'autorité qu'autant que le Prieur lui en accordera. On observera les mêmes formes dans l'institution de la Prieure et de la Sous-Prieure.

(1) Ce qui précède n'est imposé qu'aux Tertiaires vivant en Fraternité, et seulement pour les Membres de leur Fraternité qui viennent à mourir. Mais le reste du chapitre regarde tous les Membres du Tiers-Ordre sans distinction.

(2) Ceux auxquels il serait difficile de faire célébrer ces trois Messes annuelles, sont du moins invités à y suppléer par trois communions à l'intention exprimée par la Règle.

CHAPITRE XVIII.

DU DEVOIR DU PRIEUR ET DE LA PRIEURE.

L'office du Prieur sera d'observer lui-même avec la dernière exactitude toutes les prescriptions de la Règle, et d'apporter tous ses soins à ce que les autres Frères les observent aussi. S'il en remarque qui la transgressent, ou qui la pratiquent avec négligence, il devra les reprendre et les corriger charitablement; ou, s'il le juge plus à propos, il pourra prévenir le P. Maître et Directeur de la Fraternité de se charger de la correction. Le devoir de la Prieure sera aussi de fréquenter souvent l'église, d'exciter les autres Sœurs à l'observance de la Règle, de veiller avec soin par elle-même, et par d'autres qu'elle en chargera, à ce qu'aucune des Sœurs n'ait rien dans sa démarche, son extérieur et son maintien qui puisse raisonnablement choquer les regards de personne. Qu'elle soit surtout attentive à empêcher que les Sœurs, particulièrement les jeunes, ne contractent aucune familiarité avec aucun homme de quelque condition qu'il soit, à moins qu'il ne leur soit parent au moins au troisième degré, et qu'il n'ait en outre une conduite et une réputation irréprochables.

CHAPITRE XIX.

DE LA CORRECTION DES FRÈRES ET DES SŒURS.

Si quelqu'un est accusé d'une familiarité suspecte, et qu'après avoir été averti trois fois par le Supérieur, il ne se soit pas corrigé, qu'il soit exclu pour un temps des assemblées et de la société des autres Frères. Que si après cela il ne s'est pas encore corrigé, alors, que de l'avis des Frères les plus prudents, il soit publiquement exclu de l'Ordre, et qu'il ne puisse plus y être admis, à moins qu'au jugement de tous les Frères, il ne paraisse entièrement corrigé. De même si quelqu'un a dit à un de ses Frères, ou à tout autre, une injure qui semble infamante, ou qu'il ait frappé quelqu'un par emportement, ou qu'il se soit permis d'aller dans un lieu défendu, ou de commettre un acte quelconque d'insubordination, ou bien encore s'il est convaincu d'avoir dit un mensonge de propos délibéré à son Supérieur, qu'on le punisse soit par le jeûne au pain et à l'eau, soit par l'exclusion des assemblées ou même de la compagnie des autres Frères, pendant un temps plus ou moins long, en ayant égard pour l'application d'une peine plus ou moins rigoureuse à la condition de la personne et à la grièveté de sa faute. — De même encore si quelqu'un est convaincu d'une faute mortelle, il doit, sur l'avis de la majorité des Frères profès de la Fraternité du lieu, être puni plus ou moins sévèrement selon l'exigence de la faute et la qualité du coupable, en sorte néanmoins que sa punition puisse servir d'exemple aux autres. Et s'il refuse de subir cette pénitence, qu'il soit chassé de l'Ordre, d'après l'avis des plus prudents. Pour la correction des Sœurs, nous voulons que la même règle soit observée en tout.

CHAPITRE XX.

DES ASSEMBLÉES DES FRÈRES ET DES SŒURS, ET DE L'INSTITUTION DE LEUR PÈRE, MAÎTRE OU DIRECTEUR (1).

Une fois chaque mois, au jour et à l'heure fixés par le P. Directeur ou son Vicaire, tous les Frères de l'Ordre se réuniront à l'église des Frères Prêcheurs pour y entendre ensemble la parole de Dieu, ainsi que la Messe, si l'heure le comporte. Et alors le P. Directeur leur lira et expliquera la Règle, les instruira de leurs devoirs, réprimandera et corrigera ceux qui auront été négligents, selon que devant Dieu, et suivant cette Règle ou manière de vivre, il le jugera à propos. Les Sœurs s'assembleront aussi le premier vendredi de chaque mois dans l'Église des Frères Prêcheurs, pour y entendre de même en commun la parole divine et la sainte Messe : on leur lira pareillement et on leur expliquera la Règle, et elles seront corrigées de leurs manquements par le P. Directeur qui leur aura été assigné. Or nous voulons que dans chaque ville ou bourg où se trouvent des Frères et des Sœurs de l'Ordre, ils aient pour P. Maître et Directeur un Religieux de l'Ordre des Frères-Prêcheurs propre à cette fonction, qu'eux-mêmes auront demandé au Maître Général ou au Provincial dudit Ordre des Frères-Prêcheurs, ou bien que le Maître Général ou le Provincial auront jugé à propos de leur accorder ou de leur assigner à cette fin, par eux-mêmes ou par d'autres (2). Voulant de plus, et statuant pour

(1) Voyez le chapitre suivant du Manuel, *page 401.*
(2) Dans les lieux où l'Ordre n'a pas de maisons, les Fra-

la conservation et la plus grande extension de cette Société, que tous les Frères et Sœurs de cet Ordre de la Pénitence du B. Dominique, quelque part qu'ils existent, soient complétement soumis, mais seulement en ce qui concerne leur genre de vie et la Règle qu'ils observent, à la direction et à la correction du Maître Général et du Prieur Provincial de leurs provinces respectives.

CHAPITRE XXI.

DES DISPENSES QU'ON PEUT ACCORDER POUR DES CAUSES LÉGITIMES.

Le Prieur de la Fraternité pourra dispenser les Frères; la Prieure, les Sœurs; et leur P. Maître et Directeur, les uns et les autres, des abstinences, jeûnes, et autres austérites prescrites dans les chapitres précédents, quand ils le jugeront à propos pour des causes justes et raisonnables.

CHAPITRE XXII.

DE L'OBLIGATION DE CETTE RÈGLE OU FORME DE VIE.

Nous voulons et ordonnons que ce qui est établi dans les Constitutions de l'Ordre des Frères-Prêcheurs s'applique également à cette Règle ou forme de vie, savoir, qu'à part les commandements de Dieu et de l'Église et les obligations qui s'y rattachent, les manquements à toutes les autres Constitutions ou ordonnances de cette Règle n'obligent les Frères et les Sœurs à aucun péché mortel ni

ternités du Tiers-Ordre doivent avoir pour Directeur un prêtre séculier, député par le R. P. Provincial, et membre lui-même du Tiers-Ordre.

véniel (1), mais seulement à la peine qui pourra leur être imposée par le Supérieur ou le P. Directeur pour les transgressions qu'ils auront commises, peine que le transgresseur devra recevoir humblement et sans hésiter, et accomplir de la même manière, moyennant la grâce de Notre-Seigneur et Rédempteur Jésus-Christ, qui, étant Dieu, vit et règne avec le Père et le Saint-Esprit dans tous les siècles des siècles. Ainsi soit-il.

Fin de la Règle du Tiers-Ordre.

Qu'il ne soit donc permis à personne au monde d'infirmer en rien la confirmation et protection que nous accordons à cette Règle, ni de s'élever contre l'expression de notre volonté et de notre commandement ou de s'y opposer par une audacieuse témérité. Et si quelqu'un ose commettre un pareil atten-

(1) Quoique la Règle par elle-même n'oblige pas sous peine même de péché véniel, on peut cependant pécher en la transgressant, à raison du motif, par exemple de la paresse ou de la sensualité. Il y aurait même péché mortel à y manquer par mépris, parce qu'on ne peut sans une faute grave mépriser une Règle solennellement approuvée par l'Église; mais toujours alors c'est le motif de la transgression et non pas la transgression même qui rend coupable devant Dieu.

Quant à la peine que le Prieur et surtout le P. Directeur de la Fraternité peuvent infliger pour la violation de la Règle et des devoirs qu'elle impose, selon qu'il est dit ici, et aux chapitres XVIII, XIX et XX, les Tertiaires sont obligés de s'y soumettre et pècheraient en s'y refusant, parce qu'ils enlèveraient ainsi à la loi son unique sanction, et que d'ailleurs ils encourraient volontairement par ce refus l'exclusion du Tiers-Ordre (Chapitre XIX), ce qui est bien moins permis encore qu'il ne le serait de s'en retirer. (Chapitre V.)

tat, qu'il sache qu'il encourra l'indignation du Dieu Tout-Puissant, et des Bienheureux Apôtres Pierre et Paul. Donné à Rome, à Saint-Pierre, le six des Calendes de juillet, la première année de notre Pontificat.

Fin de la Bulle d'Innocent VII.

Afin donc que la teneur de ces lettres de notre prédécesseur ainsi insérées dans notre présent décret puisse faire foi et obtenir une complète créance, nous ordonnons de notre Autorité apostolique que ces lettres ici transcrites aient en tout la même force, la même valeur, la même considération, que devrait avoir le texte original lui-même, et qu'une égale autorité soit attribuée en tout à la présente copie, soit en jugement, soit ailleurs, en toute circonstance, et partout où elle sera produite et exhibée; en sorte qu'on s'y tienne rigoureusement en tout, comme si c'était le texte original lui-même qui fût produit et exhibé. En quoi nous n'entendons nullement créer pour personne un nouveau droit, mais seulement conserver l'ancien.

Qu'il ne soit donc permis à personne au monde de s'élever contre la présente Constitution et expression de nos volontés ou de s'y opposer par une audacieuse témérité. Et si quelqu'un ose commettre un pareil attentat, qu'il sache qu'il encourra l'indignation du Dieu Tout-Puissant et des Bienheureux Apôtres Pierre et Paul. — Donné à Florence, l'an de l'Incarnation du Seigneur mil quatre cent trente-neuf, le jour d'avant les Ides de mai, l'an neuf de notre Pontificat.

Fin de la Bulle d'Eugène IV.

CHAPITRE III

Lorsque nous avons songé à rétablir en France le
Tiers-Ordre de la Pénitence de saint Dominique,
nous nous sommes trouvés placés entre deux écueils:
celui de le réduire aux proportions d'une simple
confrérie, en introduisant dans la Règle des modifications ou des suppressions qui exigeraient l'autorité du Saint-Siége, et de le priver ainsi de toute
participation aux priviléges et aux faveurs spirituelles
que l'Église ne prétend accorder qu'au Tiers-Ordre
dans l'intégrité de son institution; ou bien, celui
de présenter à la faiblesse des chrétiens de nos jours
une Règle qu'ils se seraient hâtée de déclarer im-
praticable, et qui, jugée par eux incompatible dans
quelques-unes de ses prescriptions avec l'exigence
des temps et des mœurs, loin de rallier sous une
commune loi les âmes de bonne volonté, les eût
éloignées, au contraire, et eût été réduite pour l'avenir à la stérilité et à l'impuissance. Fallait-il cependant, en présence de ces difficultés, renoncer à une
institution qui nous semblait admirablement appro-
priée aux besoins de l'époque actuelle, dont elle
attaque de front le luxe, la mollesse, les désastreuses
tendances aux jouissances des sens, à la recherche du

bien-être, et à la satisfaction des instincts égoïstes?
Nous ne l'avons pas pensé : nous avons, au contraire, trouvé, dans la Règle elle-même, le remède
au double inconvénient que nous venons de signa-
ler : car, si, d'une part, le Saint-Siége ne concède
à personne le droit de la modifier ou de l'altérer en
quoi que ce soit, de l'autre, il confirme pleinement
et d'une manière illimitée au P. Directeur du Tiers-
Ordre la faculté d'accorder à chacun des Membres
des dispenses individuelles, selon qu'il le juge expédient. Nous ne devions donc pas hésiter à user d'un
pouvoir que le législateur consacre, et à dispenser
de certains articles de la Règle les chrétiens dans
lesquels nous croyions reconnaître l'intention ferme
d'en adopter l'esprit et l'ensemble; nous ne faisions
en cela qu'entrer nous-mêmes dans cet esprit, et
nous conformer aux dispositions du XXIe chapitre,
dans la mesure approuvée par l'Église.

Seulement, afin de prévenir l'arbitraire et la confusion, et de fonder dès le principe l'ordre dans
l'uniformité, nous avons dû nous fixer sur les articles de la Règle qui réclamaient plus généralement une dispense, et pour lesquels en même temps
on pouvait l'accorder sans altérer l'esprit de l'institution. C'est sur ces bases, arrêtées après un sérieux
examen, que nous avons adopté pour le Tiers-Ordre
en France les usages que nous allons exposer.

Il ne s'agit donc pas ici de dispenses générales
que nous n'aurions ni le droit, ni la volonté d'accorder : il s'agit de quelques points particuliers sur
lesquels nous dispensons *individuellement* toutes les
personnes qui le désirent, de telle sorte que l'inob-

servation de ces points ne devienne pas un obstacle
à leur admission dans le Tiers-Ordre, pourvu qu'elles
soient fidèles à pratiquer les autres. Nous exhortons
tous les Membres à se rapprocher autant qu'il leur
est possible de l'entier accomplissement de la Règle :
nous sommes heureux d'en connaître plusieurs qui,
plus libres et plus fervents, s'attachent à l'observer
dans toute son intégrité; mais nous ne voulons cependant pas exclure tous les fidèles qui n'en ont pas
au même degré le courage ou la facilité; et, afin que
cette condescendance ne dégénère point en relà-
chement, nous avons déterminé pour ces derniers
des pratiques d'une grande importance dans la vie
chrétienne, mais d'une observation plus facile, qui
servissent de compensation à celles dont nous leur
donnerions dispense.

Nous prions instamment tous ceux qui liront les
articles suivants de ne pas perdre de vue ces explications.

ARTICLE Ier.

1° La ceinture de cuir dont il est fait mention
expresse dans la Règle, et qui est avec les couleurs
le seul vestige de l'ancien habit, sera conservée
comme le signe propre et distinctif des Membres du
Tiers-Ordre; ils la porteront sous leurs vêtements
de dessus; c'est elle que le P. Directeur bénira, et
qu'ils recevront de ses mains le jour de leur admission dans l'Ordre.

2° Conformément à l'esprit de la Règle, les vêtements des Membres du Tiers-Ordre n'auront rien de
particulier quant à la forme, si ce n'est la simplicité

12

qui convient à la modestie chrétienne; quant à la couleur, elle sera blanche, noire ou grise. Mais comme la stricte observation des couleurs prescrites serait bien plus difficile pour les femmes que pour les hommes, elles ne seront tenues qu'à porter des étoffes de couleur sévère.

3° Les Frères et les Sœurs devront éviter la vanité dans leur extérieur, et ne point porter d'ornements d'or ou de pierreries, dont le luxe est une insulte à la misère du pauvre, et qui ne sauraient convenir à des hommes pénétrés d'un véritable esprit religieux.

4° Ils pourront se faire revêtir, à l'heure de la mort, de l'ancien costume, c'est-à-dire de la robe blanche, du manteau et du capuce noirs, et se faire enterrer dans ce costume. Ce sera sans doute une grande consolation et une grande joie pour eux de pouvoir mourir dans l'habit religieux, dans l'habit d'un Ordre dont ils partagent les priviléges et les grâces, dont les prières, tant celles de leurs Frères sur la terre, que celles des Saints de cet Ordre dans le ciel, les assisteront à cette heure suprême. On pourra faire bénir cet habit le jour de l'admission dans le Tiers-Ordre. Il ne sera permis de le porter ni en public ni en particulier, sans une permission expresse du P. Directeur.

ARTICLE II.

1° Les Frères et les Sœurs réciteront tous les jours le petit Office de la sainte Vierge, ou au moins le petit Office de saint Dominique; ils y ajouteront le *Salve Regina.*

2° Ils pourront ainsi être dispensés de tout autre Office.

3° Ils le seront également du lever de la nuit. On conçoit, en effet, que de nos jours, où cette sainte pratique n'est plus connue que dans quelques monastères, ce serait trop exiger que de prétendre l'imposer à de simples fidèles, vivant au milieu du monde. C'est à peine d'ailleurs s'il y en aurait quelqu'un qui ne trouvât dans sa santé, ses travaux, ou l'assujettissement de sa position, des motifs légitimes de dispense.

Mais si nous usons à cet égard de condescendance, nous n'en avons que plus de motifs de rappeler les membres du Tiers-Ordre à l'esprit de leur Règle, qui veut non-seulement leur interdire la paresse du lit et la sensualité d'un repos trop prolongé, mais encore leur faire pratiquer la mortification par le retranchement et la privation modérée du sommeil; on ne saurait donc trop approuver l'usage de ceux qui prennent sur leur repos du matin le temps nécessaire à la récitation de l'Office de nuit : ils se rapprochent ainsi d'autant plus de l'observation littérale de la loi, qu'ils se lèvent plus matin; car celle-ci ne prescrit pas de se lever *à minuit*, mais seulement *la nuit*, obligation à laquelle satisfont les Religieux mêmes de l'Ordre, en récitant Matines vers trois heures du matin.

ARTICLE III.

1° Les Frères et les Sœurs se confesseront et communieront au moins une fois par mois. Aujourd'hui que l'usage de la communion fréquente est beaucoup plus répandu dans l'Église qu'il ne l'était au xiiie siècle, la réception des Sacrements une fois tous les mois ne peut être une difficulté pour des chrétiens qui aspirent sérieusement à la perfection de leur état, et cette salutaire pratique sera pour les Tertiaires une compensation aux pratiques plus sévères à l'égard desquelles ils sont obligés d'user d'adoucissements.

Il y aura communion générale chaque mois, le jour de l'assemblée du Tiers-Ordre.

2° Ce jour-là, l'Office quotidien sera récité en commun.

ARTICLE IV.

Relativement aux jeûnes et aux jours d'abstinence, il nous a semblé nécessaire, eu égard à l'affaiblissement de l'esprit de pénitence et peut-être aussi des tempéraments à notre époque, d'user d'une grande condescendance, sans toutefois consentir à abandonner complétement ces pratiques de mortification, si conformes à la doctrine catholique. En conséquence,

1° Nous n'exigeons des Membres du Tiers-Ordre que le jeûne du premier vendredi de chaque mois.

2° Nous les dispensons de l'abstinence les jours où les commandements de l'Église ne la prescrivent pas. Cette dispense est une véritable nécessité pour les personnes du monde qui ne vivent pas en leur particulier, et qui ont déjà souvent bien de la peine à obtenir de faire maigre le vendredi et le samedi.

ARTICLE V.

I. Nous obligeons les Frères et les Sœurs à se

conformer seulement à l'esprit et non à la lettre du chapitre XIII de la Règle, qui traite des *Sorties* : ainsi, quand ils veulent aller à la campagne, en voyage, etc., nous n'exigeons pas qu'ils demandent la permission au P. Directeur ou au Prieur.

II. Ils s'interdiront la fréquentation : 1° des théâtres, sauf motifs légitimes, tels que nécessités d'état, pour les musiciens, par exemple ; 2° du bal proprement dit, c'est-à-dire des réunions caractérisées par l'inconvenance des divertissements et des danses, et par l'immodestie des vêtements ; 3° des *noces et festins*, suivant l'expression de la Règle, c'est-à-dire de cette autre sorte de réunions signalées par l'intempérance, une indécente gaieté et d'autres excès.

ARTICLE VI.

On se réunit au domicile des Confrères morts pour réciter en commun l'Office des défunts.

Le jour de la Commémoraison des Morts ou tout autre jour libre, il est célébré une Messe pour les Confrères décédés. L'office est dit en commun. Cet usage a pour but de remplacer les suffrages particuliers imposés par la Règle pour l'âme des Frères et des Sœurs défunts ; mais nous souhaitons que cette compensation n'empêche point les Tertiaires de bonne volonté de se conformer, autant que possible, aux prescriptions du chapitre XIV.

ARTICLE VII.

Relativement aux chapitres XIX et XX, quelle que soit à nos yeux l'utilité de l'accusation des fautes et de leur correction dans le chapitre qu'on appelle pour cette raison chapitre de la coulpe, de graves motifs n'ont pas permis de remettre en vigueur cette sainte pratique : ainsi, à moins d'un scandale public qui entraînerait l'exclusion du Tiers-Ordre, ou qui du moins exigerait une réparation publique en présence de l'assemblée des Frères, le P. Directeur et le Prieur se borneront à des avis généraux sur les abus qu'ils auront pu remarquer, et s'ils ont à reprendre un Frère pour quelque manquement, ils lui feront en particulier la réprimande et la correction que cette faute aura méritées.

CHAPITRE IV

Ainsi qu'on a pu le voir par plusieurs passages de la Règle, aucune détermination importante ne doit être prise que de l'avis *des plus anciens* ou *des plus prudents* parmi les Frères : *de consilio seniorum,* ou *discretorum;* c'est ce qu'on appelle *le Conseil.*

Chaque Fraternité doit avoir son Conseil; mais comme la règle ne précise rien sur son organisation, il est naturel de suivre, à cet égard, ce que les Constitutions et les chapitres généraux ont déterminé pour notre Ordre. En conséquence, le Conseil ne peut se composer de plus de douze membres, outre le Prieur qui doit le présider sous l'autorité du P. Directeur. Le Sous-Prieur et le Maître des novices actuellement en charge en sont membres de droit, ainsi que les Frères qui ont été Prieurs de la Fraternité. Les autres doivent être choisis par le P. Directeur parmi les Profès les plus recommandables par leur ancienneté, leur zèle et leurs lumières. (Dans notre Ordre, ils doivent être âgés de quarante ans au moins.) S'il arrivait que le nombre des conseillers fût complet lors de la déposition d'un Prieur, celui-ci entrerait néanmoins au Conseil, et le moins ancien des conseillers qui n'en serait pas membre de droit devrait se retirer. Dans le cas d'une égale ancienneté dans le Conseil, ce serait le dernier en date de profession qui cèderait la place. Enfin, s'il se trouvait dans le Conseil dix Prieurs déposés avec le Prieur, le Sous-Prieur et le Maître des novices, personne ne pourrait plus y être admis. quand bien même de nouveaux Prieurs sortiraient encore de charge ; seulement, à mesure que les premiers viendraient à mourir ou à se retirer, ceux-ci les remplaceraient successivement d'après leur rang d'ancienneté dans la charge de Prieur.

On voit combien il importe de ne former d'abord le Conseil que d'un très-petit nombre de membres, afin de pouvoir l'accroître avec le temps, et de se réserver le droit d'y appeler plus tard les hommes en qui l'expérience fait connaître plus de maturité, de sagesse et de discrétion.

Les objets les plus importants des délibérations du Conseil sont : la nomination du Prieur, du Sous-Prieur et du Maître des novices, l'admission des postulants et des novices, et le renvoi des Profès. Les questions se décident à la majorité des voix. Le vote a lieu au scrutin secret. Le P. Directeur ne vote pas, cependant il prononce en cas de partage ; à son défaut, la décision appartient au Prieur.

§ I. ÉLECTIONS.

Chaque année le P. Directeur propose au Conseil le changement ou la conservation du Prieur, et prend à cet égard l'avis de chacun des membres (1) ; et bien qu'il ait le droit de refuser, pour de justes motifs, de confirmer l'élection du Conseil, il ne

____

(1) Ch. 17 de la Règle.

doit cependant en user qu'avec une extrême réserve
et dans des circonstances très-rares; et alors même
il doit se borner à procéder à une nouvelle élection,
sans pouvoir imposer un Prieur de son choix.

Le même Prieur peut être réélu autant de fois
qu'on le juge à propos.

Le Prieur procède à l'élection du Sous-Prieur,
sous l'autorité du P. Directeur, absolument de la
même manière que le P. Directeur a procédé à la
sienne.

Quoique la Règle ne parle pas du Maître des novices, cependant, à raison de l'importance de sa
charge, et à l'instar de ce qui se pratique dans notre
Ordre, il est nommé par le Conseil de même que
le Prieur et le Sous-Prieur.

Quant aux autres charges moins importantes,
c'est le Prieur seul qui les confère d'accord avec le
P. Directeur.

§ II. ADMISSIONS.

Lorsqu'un sujet désire être admis dans la Fraternité, sa demande doit d'abord être présentée au
Conseil, qui prend tout le temps dont il a besoin
pour recueillir, conformément au premier chapitre
de la Règle, des informations exactes sur la vie et
les dispositions du postulant. C'est surtout au Prieur
et au Maître des novices que ce soin appartient.
Après qu'on a obtenu les renseignements nécessaires, le Conseil se réunit de nouveau pour discuter l'admission du sujet. Chaque membre fait connaître ce qu'il peut en avoir appris, mais toujours
avec discrétion, prudence et charité : de telle sorte

que si l'un d'eux connaissait un obstacle qui fût de nature à porter atteinte à la réputation, il ne devrait pas en faire part au Conseil, mais il faudrait qu'avant la réunion il en prévînt le Prieur ou le P. Directeur, afin que ceux-ci pussent avertir en secret le postulant et l'engager à se retirer de lui-même, s'il ne se justifiait pas de l'accusation qui pèse sur lui. Dans le cas alors où ce dernier s'y refuserait et persisterait à se présenter, il n'aurait plus à s'en prendre qu'à lui-même des conséquences de sa démarche, car l'intérêt de la Fraternité ferait un devoir à ses membres de communiquer au Conseil les renseignements qui pourraient l'empêcher d'admettre dans le Tiers-Ordre un sujet indigne ou mal famé.

La délibération terminée, le Conseil procède au vote, et si le candidat obtient la majorité des voix, le P. Directeur le propose à l'assemblée des Frères à la première réunion. Il y résume, s'il le juge convenable, les renseignements recueillis par le Conseil, et qui ont déterminé l'admission; puis il laisse aux Frères un temps plus ou moins long, qui peut varier d'un à trois mois selon les circonstances, mais qui ne doit pas être moindre qu'un mois, c'est-à-dire l'intervalle entre deux assemblées, pour prendre à leur tour des informations sur les dispositions du sujet; et ceux-ci observent les mêmes règles de charité qui viennent d'être tracées.

Pour l'admission d'un novice à la profession, on suit absolument la même marche.

§ III. EXCLUSIONS.

L'exclusion d'un Profès ne peut être prononcée que pour de graves motifs, tels que celui du scandale public ou de l'incorrigibilité (1). C'est encore au Conseil qu'est réservée cette délicate question. Quand il se trouve appelé à statuer sur le renvoi d'un Frère, il doit, avant tout, l'entendre sur les faits qui lui sont imputés, lui donner une entière liberté de s'expliquer et de se défendre, et avoir égard à tout ce qu'il peut alléguer pour sa justification. Si la nature de l'accusation était telle qu'il lui fût pénible de paraître devant le Conseil, alors on le ferait interroger par le Prieur ou le P. Directeur en présence d'un ou deux conseillers seulement, et le Conseil délibèrerait ensuite sur la relation de ses membres. Enfin, à moins qu'il n'y ait urgence et péril en la demeure, comme dans le cas de flagrant délit, de notoriété publique ou de condamnation judiciaire, il faut toujours qu'il s'écoule au moins une semaine entre la première délibération sur l'exclusion d'un Frère et le vote définitif. Cette mesure est destinée à empêcher le Conseil de subir l'impression du moment, et à donner à sa détermination plus de garantie de calme et de maturité.

L'importance des questions qui sont soumises aux délibérations du Conseil fait assez comprendre la nécessité du secret, et l'obligation qui en est imposée à tous les membres que la Règle désigne par ce mot : *Consilium discretorum, Conseil des discrets.*

_____

(1) Ch. 19 de la Règle.

Aussi la violation du secret des délibérations du Conseil entraîne-t-elle l'exclusion de son sein pour le membre qui s'en est rendu coupable, sans qu'il puisse jamais par la suite être admis à en faire partie.

Le Conseil doit se réunir au moins une fois par mois, dans la semaine qui précède le jour de l'assemblée de la Fraternité. Cette réunion a pour but de discuter les communications qui doivent être faites à l'assemblée des Frères, et en particulier l'admission des sujets qui se sont présentés, et qui ne peuvent être proposés à la Fraternité qu'après le vote favorable du Conseil. Mais outre cette réunion mensuelle, le Conseil peut être convoqué toutes les fois que le P. Directeur ou le Prieur le juge à propos, selon que l'exigent les circonstances et l'intérêt de la Fraternité.

CHAPITRE V

§ I. DU PRIEUR.

La principale charge de la Fraternité est celle de Prieur.

Elle impose à celui qui en est revêtu l'obligation de travailler, avec zèle et prudence, à procurer l'avancement spirituel des Frères, par le maintien de l'observance et de la discipline. Le Chapitre 19 de la Règle, où ses devoirs sont tracés, fait assez comprendre l'importance de l'autorité qui lui est confiée, et la responsabilité qui pèse sur lui, et sur ceux qui sont appelés à l'élire. Il faut, par-dessus tout, qu'il ait la confiance et l'estime des Frères, et qu'à un jugement calme et sûr il unisse beaucoup de discrétion, de douceur et de fermeté. Qu'il médite souvent ce que saint Augustin, dans sa Règle, dit au sujet du Supérieur : « Que celui qui est à votre tête trouve son bonheur, non dans le pouvoir qu'il a de vous commander, mais dans la charité qui le fait votre serviteur ; que devant vous il soit au-dessus de vous par l'honneur que vous lui rendez ; que devant Dieu la crainte le prosterne à vos pieds ; qu'il se montre vis-à-vis de tous comme un modèle de bonnes œuvres ; qu'il reprenne les esprits remuants; qu'il console les faibles, qu'il ait soin des malades, qu'il soit patient envers tous; qu'il se soumette à la discipline avec joie, et la maintienne avec une fermeté qui se fasse craindre; et, quoique l'amour et la crainte soient nécessaires, qu'il cherche plutôt à vous gouverner par l'amour que par la crainte, sans perdre de vue qu'il lui faudra rendre compte de vous au Seigneur (1). »

Le Prieur exerce toute l'autorité et préside partout, soit au Conseil, soit aux assemblées, en l'absence du P. Directeur. Il ne peut cependant ni donner l'habit, ni recevoir à la Profession, parce que le P. Directeur lui-même n'exerce ce pouvoir qu'en vertu d'une délégation spéciale du R. P. Provincial de l'Ordre.

§ II. DU SOUS-PRIEUR.

La deuxième charge de la Fraternité est celle de Sous-Prieur.

Celui-ci est donné au Prieur comme un aide qui doit le seconder et le soulager dans ses fonctions, et concourir avec lui au bien commun de la Fraternité. Il est donc important de choisir pour cette charge un Frère qui possède des qualités analogues à celles qu'on demande dans le Prieur, et qui soit uni à celui-ci par une grande conformité de vues et de sentiments, afin qu'ils puissent toujours agir de concert, bien loin de s'entraver.

Voilà pourquoi la Règle (2) donne au Prieur une si grande part à l'élection du Sous-Prieur, et l'au-

(1) Regula S. Augustini. — (2) Ch. 17 de la Règle.

torise même au besoin à refuser celui qui aurait été élu par le Conseil, et à faire procéder à une nouvelle élection, ainsi qu'il a été dit au chapitre précédent, § 1.

En l'absence du P. Directeur et du Prieur, c'est le Sous-Prieur qui les remplace, préside le Conseil et l'assemblée, accorde les dispenses, et exerce de plein droit toute l'autorité dans les choses que le Prieur ne s'est pas réservées. Le Prieur peut en outre, selon le texte exprès de la Règle (1), se décharger habituellement sur lui d'une partie de ses fonctions, dans la mesure qu'il juge convenable.

§ III. DU MAÎTRE DES NOVICES.

La fonction du Maître des novices est d'éprouver et de former les novices pendant tout le temps qui s'écoule depuis la prise d'habit jusqu'à leur Profession.

Cet emploi peut être regardé comme le plus important de tous, puisque de la manière dont s'en acquitte celui qui en est chargé, dépend en grande partie tout l'avenir de la Fraternité. Il faut donc avoir soin de ne le confier qu'à un Frère d'une piété solide et éclairée, qui joigne à la pratique des vertus la connaissance du cœur humain et le discernement des esprits, pour ne point présenter à la Profession des sujets qui ne seraient pas propres au Tiers-Ordre, et ne pas en éloigner ceux qui y seraient appelés. Tout en évitant de s'immiscer dans la direction intérieure de leur conscience, qui n'appartient

(1) Ch. 17 de la Règle.

qu'à leur Confesseur et au P. Directeur, il doit s'attacher à former la conduite extérieure et l'esprit de ses novices, d'après la Règle et l'esprit du Tiers-Ordre, les reprendre de leurs manquements, les animer à la ferveur, et les exercer à pratiquer avec fidélité tous les devoirs que la Règle leur impose. Pour cela, il est à désirer qu'il les réunisse une ou deux fois par mois, dans l'intervalle des assemblées, afin de les instruire sur leurs obligations, de s'assurer de la manière dont ils s'en acquittent, et de se rendre compte de leurs dispositions.

Enfin, lorsque le Conseil est appelé à délibérer sur l'admission d'un novice à la Profession, c'est surtout au Maître des novices qu'il appartient d'éclairer le vote, et de faire connaître, mais toujours avec discrétion et charité, les motifs qu'il pourrait y avoir de différer la Profession, ou même de renvoyer le sujet.

§ IV. DU TRÉSORIER.

Le Trésorier doit être pris parmi les membres du Conseil. C'est entre ses mains que sont déposés tous les dons qui peuvent être faits à la Fraternité, aussi bien que les offrandes des Frères pour l'entretien de la chapelle, le soulagement des Frères pauvres et malades, et les autres bonnes œuvres que pourrait entreprendre la Fraternité, selon l'étendue de ses ressources. Il faut choisir pour cet emploi un homme qui ait quelque habitude de la comptabilité, et qui soit rarement absent.

Il doit, au moins une fois chaque année, et plus souvent si le Conseil le juge à propos, présenter ses

comptes au Conseil, qui les vérifiera et lui en donnera décharge.

§ V. DU SECRÉTAIRE.

Le Conseil nomme un Secrétaire, chargé de rédi-
ger le procès-verbal de ses séances, ou du moins les
délibérations qui ont été prises, et qui sont consi-
gnées dans un registre destiné à cet effet; d'écrire
les lettres testimoniales que l'on donne aux nouveaux Profès, lorsque la Fraternité n'en a point
d'imprimées; les lettres de convocation, etc.; et
lors même que les formulaires sont tout imprimés,
c'est au secrétaire à remplir les blancs, mettre les
adresses, etc. On conçoit donc qu'il ne faut charger
de cet emploi qu'un Frère qui ait du temps libre,
une rédaction facile et une écriture correcte. Comme
il doit assister aux séances du Conseil, il est à désirer qu'il soit pris parmi ses membres; si cependant
il s'y trouvait trop de difficultés, le Conseil pourrait
choisir, en dehors de son sein, un Frère discret et
prudent, auquel il confierait cette charge; ce
Secrétaire n'aurait pas voix dans les délibérations,
et serait cependant tenu au même secret que les
Conseillers.

§ VI. DES INFIRMIERS.

Conformément au chapitre 14 de la Règle, le
Prieur désigne deux Frères pour la visite des malades de la Fraternité; ces Infirmiers devront se pé-
nétrer de l'esprit de la Règle, qui est plus encore
d'assurer aux Frères du Tiers-Ordre les secours spirituels de la religion et les consolations de la Foi,

que l'assistance et les soins corporels ; ils visiteront donc souvent et avec affection leurs Frères malades, et, tout en prodiguant à ceux qui sont pauvres les soulagements que réclame leur état, ils s'attacheront surtout à les aider à rendre leurs souffrances méritoires par la résignation, la patience et la conformité à la volonté de Dieu, et à se disposer à une bonne mort par la réception des Sacrements de l'Église. On voit que cette fonction demande autant de prudence et de discrétion que de zèle ; et comme en outre elle peut, dans certaines circonstances, absorber un temps considérable, si l'on veut s'en bien acquitter, on doit tâcher de ne la confier qu'à des Frères qui aient tout à la fois beaucoup de charité et de loisir.

Du reste, les Infirmiers peuvent toujours s'adresser au Prieur, pour qu'il désigne, soit parmi les novices, soit parmi les Profès, d'autres Frères qu'il charge de partager avec eux et sous leur autorité le soin des malades, toutes les fois que les circonstances l'exigent, lorsqu'il faut, par exemple, veiller plusieurs nuits de suite, ou que plusieurs membres de la Fraternité sont malades en même temps, ou que l'un des Infirmiers se trouve lui-même empêché de vaquer à ses fonctions.

§ VII. DU SACRISTAIN.

La fonction du Sacristain est d'entretenir la propreté de la chapelle, de parer l'autel, de préparer les ornements de la Messe de l'assemblée, selon la couleur des fêtes, de distribuer les cierges pour la prise d'habit et la Profession, et de remettre ensuite tout en ordre ; qu'il s'acquitte de son emploi avec respect et amour, se souvenant qu'il y a dans l'Église de Dieu une dignité, un ordre (celui de portier), établi précisément pour conférer à ceux qui le reçoivent le droit d'exercer ces fonctions si humbles selon le monde, mais si honorables aux yeux de la Foi.

CHAPITRE VI

« Une fois chaque mois, au jour et à l'heure fixés par le P. Directeur, tous les Frères se réuniront à l'église des Frères Prêcheurs (1). »

Ces réunions sont l'âme du Tiers-Ordre et le lien de la Fraternité. C'est là que ses membres viennent se retremper dans l'estime et l'amour de leur Règle, et dans l'esprit de leur vocation. Aussi doivent-ils s'y rendre avec assiduité, et ne jamais manquer d'y assister à moins d'une impossibilité réelle ; et même, dans ce cas, ils doivent prévenir le Prieur ou le P. Directeur de leur absence et de ses motifs.

Dans les villes où il n'existe pas de couvent de notre Ordre, il faut que les Tertiaires fassent choix d'un local convenable, tel qu'une chapelle de Communauté, ou tout autre, et obtiennent l'autorisation de s'y réunir seuls une fois par mois, pour y tenir leurs assemblées.

Autant que possible, ces réunions ont toujours lieu le matin, afin que la Messe puisse être célébrée. Les Frères commencent par réciter à deux chœurs une partie du petit office : cette récitation

(1) Ch. 20 de la Règle.

est immédiatement suivie de la sainte Messe, à laquelle ils sont invités à faire leur communion du mois. Après la Messe ils achèvent l'office, et alors seulement commence ce que dans les Ordres religieux on appelle le *Chapitre*.

Toute l'assemblée se lève, et le P. Directeur, debout au pied de l'autel, dit : *Benedicite*. — Les Frères répondent : *Dominus*. — Le P. Directeur reprend : Mes très-chers Frères, je recommande à vos prières notre mère la sainte Église, notre Saint-Père le Pape, monseigneur l'Évêque, et tous ceux qui ont charge d'àmes dans l'Église de Dieu ; notre saint Ordre, et tous ceux qui vivent sous la Règle de notre saint Fondateur, l'État, tous les magistrats, tous nos bienfaiteurs tant au spirituel qu'au temporel ; les àmes du Purgatoire, et particulièrement nos Frères défunts. Nous prierons aussi pour la paix, l'union et la charité qui doivent régner parmi nous, et pour nos progrès dans le service de Dieu.

A ces recommandations générales il peut en ajouter de particulières selon les circonstances, comme serait celle d'un Frère malade, d'un bienfaiteur, d'une affaire importante pour l'Ordre, ou de quelques besoins spirituels pour lesquels on aurait réclamé les prières de la Fraternité. Ces recommandations faites, il dit :

Retribuere dignare, Domine, omnibus nobis bona facientibus propter nomen sanctum tuum, vitam æternam.

℟. Amen.

Daignez, Seigneur, récompenser de la vie éternelle tous ceux qui nous font du bien pour l'honneur de votre saint nom.

℟. Ainsi soit-il.

Ensuite les Frères récitent à deux chœurs les psaumes suivants :

PSAUME 122.

Ad te levavi oculos meos, * qui habitas in cœlis.

J'ai levé les yeux vers vous, ô Roi qui résidez dans les cieux.

Ecce sicut oculi servorum * in manibus dominorum suorum,

Comme le serviteur tient ses regards attachés sur les gestes de son maître,

Sicut oculi ancillæ in manibus dominæ suæ, * ita oculi nostri ad Dominum Deum nostrum, donec misereatur nostri.

Ou la servante sur sa maîtresse, ainsi nos regards sont fixés sur le Seigneur notre Dieu, en attendant qu'il prenne compassion de nous.

Miserere nostri, Domine, miserere nostri, * quia multum repleti sumus despectione.

Ayez pitié de nous, Seigneur, ayez pitié de nous, car depuis longtemps nous sommes abreuvés d'outrages.

Quia multum repleta est anima nostra, * opprobrium abundantibus, et despectio superbis.

Notre âme est remplie, elle déborde de chagrins, nous sommes le jouet des puissants et l'opprobre des orgueilleux.

Gloria Patri, et Filio, * et Spiritui Sancto ;

Gloire au Père, et au Fils, et au Saint-Esprit ;

Sicut erat, in principio, et nunc, et semper, * et in sæcula sæculorum. Amen.

Comme elle était au commencement, et maintenant, et toujours, et dans les siècles des siècles. Ainsi soit-il.

PSAUME 129.

De profundis clamavi ad te, Domine : * Domine, exaudi vocem meam.

Du fond de l'abîme j'ai crié vers vous, Seigneur ; Seigneur, écoutez ma voix.

Fiant aures tuæ intendentes * in vocem deprecationis meæ.

Que vos oreilles soient attentives aux cris de ma prière.

Si iniquitates observaveris, Domine, * Domine, quis sustinebit?

Si vous tenez un compte soigneux de nos iniquités, Seigneur, Seigneur, qui subsistera devant vous?

Quia apud te propitiatio est ; * et propter legem tuam sustinui te, Domine.

Mais le pardon est en vous; et, à cause de votre loi, je vous ai attendu, Seigneur.

Sustinuit anima mea in verbo ejus : * speravit anima mea in Domino.

Mon âme s'est soutenue par votre parole : mon âme a espéré en Jéhovah.

A custodia matutina usque ad noctem, * speret Israel in Domino.

Depuis l'aurore jusqu'à la nuit, qu'Israël espère en Jéhovah.

Quia apud Dominum misericordia, * et copiosa apud eum redemptio.

Car la miséricorde du Seigneur est grande, et sa rédemption est infinie.

Et ipse redimet Israel * ex omnibus iniquitatibus ejus.

Et lui-même il viendra racheter Israël de toutes ses iniquités.

Requiem æternam, dona eis, Domine.

Donnez-leur le repos éternel, Seigneur.

Et lux perpetua luceat eis.

Et que la lumière éternelle brille pour eux.

Le P. Directeur dit ensuite :

℣. Kyrie eleison.

℣. Seigneur, ayez pitié de nous.

℟. Christe eleison.

℟. Jésus-Christ, ayez pitié de nous.

℣. Kyrie eleison.

℣. Seigneur, ayez pitié de nous.

Pater noster (*à voix basse*).

Et ne nos inducas in tentationem.

℞. Sed libera nos a malo.

Oremus pro Domino Papa.

℞. Dominus conservet eum et vivificet eum, et beatum faciat eum in terra, et non tradat eum in animam inimicorum ejus.

℣. Salvos fac servos tuos et ancillas tuas.

℞. Deus meus, sperantes in te.

℣. Requiescant in pace.

℞. Amen.

℣. Dominus vobiscum.

℞. Et cum spiritu tuo.

OREMUS.

Omnipotens sempiterne Deus, qui facis mirabilia magna solus, prætende super famulum tuum Papam nostrum (*N.*), et super cunctas Congregationes illi commissas, spiritum gratiæ salutaris : et ut in veritate tibi compla-

Notre Père, etc.

Et ne nous induisez pas en tentation.

℞. Mais délivrez-nous du mal.

Prions pour N. S. P. le Pape.

℞. Que le Seigneur le conserve, qu'il lui donne la vie, qu'il le rende heureux sur la terre, et qu'il ne le livre pas aux desseins de ses ennemis.

℣. Sauvez vos serviteurs et vos servantes.

℞. Seigneur, c'est en vous qu'ils espèrent.

℣. Qu'ils reposent en paix.

℞. Ainsi soit-il.

℣. Que le Seigneur soit avec vous.

℞. Et avec votre esprit.

PRIONS.

Dieu tout-puissant et éternel, qui seul opérez les grandes merveilles, répandez sur votre serviteur, notre Saint-Père le Pape (*N.*), et sur toutes les Congrégations qui lui sont confiées, cet esprit de grâce qui opère le salut; et, pour qu'ils vous soient agréables en vérité, répan-

ceant, perpetuum eis rorem tuæ benedictionis infunde.

Prætende, Domine, famulis et famulabus tuis dexteram cœlestis auxilii; ut te toto corde perquirant, et quæ digne postulant assequantur.

Fidelium, Deus, omnium conditor et redemptor, animabus famulorum famularumque tuarum remissionem cunctorum tribue peccatorum, ut indulgentiam quam semper optaverunt, piis supplicationibus consequantur. Qui vivis et regnas cum Deo Patre in unitate Spiritus Sancti Deus, per omnia sæcula sæculorum.

℟. Amen.

dez toujours sur eux la rosée de votre bénédiction.

Étendez, Seigneur, sur vos serviteurs et vos servantes, le secours céleste de votre droite, afin qu'ils vous cherchent de tout leur cœur, et qu'ils obtiennent ce qu'ils demandent justement.

O Dieu, créateur et rédempteur de tous les fidèles, accordez aux âmes de vos serviteurs et de vos servantes la rémission de tous leurs péchés, afin que, par nos supplications empressées, ils obtiennent l'indulgence qu'ils ont toujours désirée : Vous qui, étant Dieu, vivez et régnez avec Dieu le Père dans l'unité du Saint-Esprit, dans les siècles des siècles.

℟. Ainsi soit-il.

Ces prières terminées, les Frères s'assoient, et le P. Directeur leur fait son exhortation. Il leur adresse les avis et les observations qu'il juge nécessaires, et leur donne communication, s'il y a lieu, des affaires qui peuvent intéresser la Fraternité. Lorsqu'à la prochaine assemblée il doit y avoir une prise d'habit ou une Profession, il a soin d'en avertir les Frères.

Si le Conseil a voté l'admission de quelques sujets à la prise d'habit ou à la Profession, le P. Directeur les propose à son tour à l'assemblée des Frères, selon ce qui a été dit au chapitre précédent.

Enfin, quand il s'agit de voter sur l'admission des postulants qui ont été proposés, il en prévient les Frères à l'assemblée précédente, leur rappelant qu'ils doivent profiter de cet intervalle pour achever de s'éclairer et transmettre à temps au P. Directeur ou au Prieur les communications qu'ils peuvent juger utiles. Puis le jour du vote étant venu, il recueille les voix au scrutin secret, veillant à ce que les Frères déposent leur vote en silence et sans discussion préalable, le grand nombre de membres dont se compose une Fraternité ne pouvant permettre dans son sein aucune délibération de cette nature, sans de trop graves inconvénients.

Ensuite, assisté du Prieur et de deux scrutateurs pris parmi les membres du Conseil, il procède immédiatement au dépouillement du scrutin en présence des Frères, et en proclame le résultat.

Tout étant terminé, le P. Directeur congédie l'assemblée en disant :

℣. Adjutorium nostrum in nomine Domini.

℣. Notre appui est dans le nom du Seigneur.

Les Frères répondent :

℟. Qui fecit cœlum et terram.

℟. Qui a fait le ciel et la terre.

C'est immédiatement avant cette conclusion que devait avoir lieu l'accusation des fautes, et ce que l'on appelle le Chapitre *de la coulpe*. Mais ayant renoncé pour de graves motifs à exiger la pratique de ce point de la Règle, ainsi que nous en avons averti à la fin du chapitre III, nous n'en avons pas fait mention. Cependant, comme il s'observe chez nos Religieuses du Tiers-Ordre qui vivent en communauté, et que quelques Fraternités pourront avoir la bonne volonté de s'y assujettir, nous ne devons pas omettre d'en parler ici, et nous allons exposer en peu de mots la manière dont se tient ce chapitre.

Le P. Directeur dit :

Que ceux qui se sentent coupables viennent faire leur coulpe.

Alors les novices se présentent et s'accusent.

Leur accusation finie, le Maître des novices les fait retirer, et quand ils sont sortis de l'assemblée, les Profès se présentent en commençant par les plus anciens; si le nombre des Frères est trop grand pour que tous puissent faire leur coulpe, on les partage en deux ou plusieurs sections qui la font alternativement dans les chapitres successifs.

Chaque Frère vient ainsi à son tour devant le P. Directeur, s'incline profondément, puis se tenant debout, il accuse avec humilité les manquements qu'il a commis contre la Règle depuis le dernier Chapitre, disant par exemple : Mon Révérend Père, j'ai péché; j'ai parlé à l'église sans nécessité. J'ai manqué au jeûne du vendredi. Je n'ai pas été assez modeste dans ..... habits. J'ai assisté au bal, j'ai été au spectacle, sans avoir préalablement fait connaître au Prieur les motifs, et demandé sa permission. J'ai été dissipé dans mes entretiens. J'ai perdu mon temps en des occupations frivoles, etc.

Sur quoi il faut bien remarquer que les péchés ne sont pas la matière de cette accusation, mais uniquement les manquements extérieurs; ainsi, tandis qu'en confession il faut s'accuser d'un mauvais motif, même quand il nous a fait faire une bonne action, en Chapitre, au contraire, il ne faut pas accuser ce mauvais motif, même quand il a provoqué une action répréhensible. Par exemple, on s'accusera de n'avoir pas jeûné le vendredi; mais on ne devra pas ajouter que ç'a été par sensualité. Quant aux actes purement intérieurs, comme jugements téméraires, etc., on ne doit pas en parler. Enfin, s'il s'agit d'une faute extérieure, qui soit par elle-même un péché grave, comme de n'avoir pas assisté à la Messe le dimanche, on ne doit pas s'en accuser en Chapitre, à moins que le scandale n'ait été public.

Quand un frère a fini de s'accuser, le P. Directeur lui adresse les avis convenables, le reprenant à son tour des manquements qu'il aurait pu observer, et dont le Frère ne se serait point accusé, quoiqu'ils fussent matière de la coulpe (1); puis il lui impose pour pénitence quelques prières, quelque exercice de mortification ou d'humilité, ou quelque œuvre de charité. Le Frère alors se retire

____

(1) Dans les communautés de Religieuses du Tiers-Ordre. toutes les Sœurs doivent proclamer en Chapitre les manquements qu'elles ont remarqués dans une Sœur qui ne s'en accuse pas.

après s'être profondément incliné, et un autre lui succède.

Lorsqu'on tient des assemblées la veille des grandes solennités, le Chapitre de la coulpe n'a pas lieu, mais il est remplacé par l'absolution générale des transgressions de la Règle que donne le P. Directeur pour disposer les Frères à célébrer la fête avec plus de ferveur et de pureté. Voici la forme de cette absolution.

Après que les Frères agenouillés ont récité le *Confiteor*, le P. Directeur, tenant la main droite étendue sur eux, dit :

Misereatur vestrî omnipotens Deus, et dimittat vobis omnia peccata vestra ; liberet vos ab omni malo, salvet et confirmet in omni opere bono, et perducat vos ad vitam æternam.

℟. Amen.

In quantum se extendunt gratiæ et privilegia Ordini nostro indulta, mihi commissa, et vobis concessa, Ego absolvo vos ab omni transgressione Regulæ et Constitutionum, et admonitionum Majorum vestrorum, et ab omni pœnitentia oblita et neglecta, et ab omnibus aliis, de

Que le Dieu tout-puissant ait pitié de vous, et qu'il vous pardonne tous vos péchés ; qu'il vous délivre de tout mal, vous soutienne et vous confirme dans toute bonne action, et vous conduise à la vie éternelle.

℟. Ainsi soit-il.

En tant que s'étendent les grâces et les priviléges accordés à notre Ordre, confiés à mon autorité, et concédés pour vous, Je vous absous de toute transgression de la Règle et des Constitutions, et des admonitions de vos Supérieurs, et de toute pénitence oubliée ou négligée, et de tous autres manquements dont on a cou-

quibus consuevit fieri absolutio in consimilibus solemnitatibus vel Capitulis, ut sitis absoluti hic et ante tribunal Domini nostri Jesu Christi, habeatisque vitam æternam, et vivatis in sæcula sæculorum.

℞. Amen.

tume d'absoudre dans des solennités ou Chapitres semblables, afin que vous soyez absous ici et devant le tribunal de notre Seigneur Jésus-Christ, que vous ayez la vie éternelle, et que vous viviez dans les siècles des siècles.

℞. Ainsi soit-il.

Ensuite il leur impose quelque légère pénitence et termine par le verset *Adjutorium nostrum*, etc., comme il a été dit ci-dessus.